**오늘부터
조직문화
담당자**

오늘부터
조직문화 담당자

초판 1쇄 발행 2022년 11월 1일
초판 3쇄 발행 2023년 12월 20일

지은이 이지안
펴낸이 최익성

기획 이유림
책임편집 전찬우

마케팅 총괄 임동건
마케팅 임주성
마케팅 지원 안보라
경영지원 임정혁, 이순미

펴낸곳 플랜비디자인
디자인 박은진

출판등록 제2016-000001호
주소 경기도 화성시 동탄첨단산업1로 27 동탄IX타워 A동 3210호

전화 031-8050-0508
팩스 02-2179-8994
이메일 planbdesigncompany@gmail.com

ISBN 979-11-6832-036-9 03320

오늘부터 조직문화 담당자

**사수 없이 시작하는
조직문화 실무자를 위한 업무 노트**

이지안 지음

플랜비디자인

목차

1부
업무를 시작하기 전에 이것만은 알고 가자

4부
알아 두면 피가 되고 살이 되는 실전 노하우

들어가는 글

"

조직문화 때문에 퇴사하려고 했던
조직문화 담당자가
책까지 내게 된 사연

"

"회사 도저히 못 다니겠어요. 이번 추석 지나면 그만둘게요."

입사한 지 9개월 차가 되던 추석 연휴. 부모님께 회사를 그만두겠다고 폭탄선언을 했다. 회사 정책상 입사 첫 해는 무조건 현장 영업 직무를 경험해야 했다. 그때 나를 힘들게 했던건 영업 현장의 보수적인 조직문화였다. 질문은 용납되지 않는 상명하복의 문화, 일주일에 2~3회씩 반복되는 잦은 회식, 엄격한 선후배 문화, 숨 막히는 실적에 대한 압박 등. 영업용 차량을 끌고 현장에 나가면 혼자 차 안에서 많이 울었다. 다행히 1년이 지나고 직무와 조직이 바뀌었고 그때부터는 회사에 무사히 적응할 수 있었다.

입사 첫 해 조직문화로 고생해서 그런 것일까? 조직문화 담당자로 일하기 전부터 문화는 항상 큰 관심사였다. 그때는 조직문화의 개념조차 모를 때라 '말로 표현할 수 없지만 이상하고 자꾸 신경 쓰이는 조직 안의 무언가' 정도로 인식했다. '어디에 써진 것도 아닌데 왜 조직 안의 사람들은 저렇게 행동하는 것일까?'를 자주 궁금해했다. 나중에 조직문화 담당자가 되고 나서야 자꾸만 신경 쓰이던 무엇인가가 '조직문화'라는 걸 알게 되었다.

우연한 기회로 정말 어쩌다 조직문화 담당자가 되었다. 그러고 나자 나뿐만 아니라 조직문화 때문에 힘들어 하는 다른 동료들이 눈에 들어왔다. 구성원을 위해서도, 회사를 위해서도 더 나은 문화가 필요한 시점이라고 느꼈다. 회사에서 시키니까, 월급 주니까 하는 게 아니라 진심으로 조직문화 업무를 해보자고 마음먹었다.

그런데 시작부터 문제였다. 조직문화는 무엇이고 어떤 속성을 지니고 있는지, 조직문화를 바꾸려면 어떻게 해야 하는지, 회사 내부에서는 딱히 답을 찾기 어려웠다. 그렇다고 가만히 있을 수는 없었다. 맨땅에 헤딩하는 심정으로 닥치는 대로 조직문화 관련 책을 읽고, 도움을 줄 수 있는 사람을 찾아 회사 바깥으로 떠돌았다. 그 과정에서 배운 것들을 조직에서 시도하고, 실패하고, 또 다시 시도하며 3년을 보냈다. 이제 조금은 조직문화에 대해 '안다'라고 말할 수 있는 것들이 생겼다.

이 책은 조직문화 담당자로 일하며 느꼈던 막막함과 답답함의 결과물이다. 국내에서 '조직문화 담당자'라는 직무가 본격적으로 생겨난 역사가 짧아서 그런 것인지 조직문화 담당자로서 무슨 일을 해야 하는지 정리된 책 한 권을 찾기 힘들었다. 유명 해외 기업의 조직문화 사례를 담은 책, 외국인 컨설턴트가 쓴 조직문화 이론서, 학자들이 쓴 조직문화 학술 서적이 서점에서 찾을 수 있는 거의 전부였다. 읽으면서 고개를 <u>끄덕끄덕</u> 하다가도, '그래서 당장 월요일 출근해서 무엇을 해야 하는데?'라는 질문에는 답을 주는 책이 없었다. 국내 기업에서 일하는 조직문화 담당자가 철저히 실무적인 관점에서 쓴 책이 한 권쯤 필요하다고 느꼈다.

이 책의 메인 타깃은 이제 막 조직문화 업무를 맡아 어디서부터 어떻게 시작해야 할지 모르는 신규 조직문화 담당자다. 과거의 내가 겪었던 시행착오를 동일하게 겪지 않았으면 하는 바람을 담아 글을 썼다. 꼭 조직문화 업무를 담당하지 않더라도 조직문화에 관심있는 직장인이라면 이 책을 통해 자신이 속한 회사의 조직문화를 보는 눈을 키울 수 있다. 조직을 이끄는 리더라면 자신이 이끄는 조직의 문화를 어떻게 만들어갈지 약간의 힌트를 찾을 수도 있다.

책은 크게 조직문화에 대한 기초적인 이해(1, 2부)와 구체적인 실무 경험(3, 4부)으로 나뉜다. 1부에서는 조직문화 업무를 이해하는 데 가장 유용했던 이론을 소개한다. 1부의 글을 읽고 나면 추상적으로만 느껴졌던 조직문화를 일정한 틀을 통해 바라볼 수 있게 된다. 2부에서는 조직문화 담당자가 조직에서 자신의 위치와 역할을 고민해 볼 수 있도록 했다. 3부에서는 실제로 시도해 볼 수 있는 조직문화 업무를 소개한다. 각 주제별로 그 일을 직접 해본 조직문화 담당자들의 이야기를 담았다. 4부에서는 조직문화 일을 하면서 직접 배우고 익혔던 실전 노하우를 소개한다. 마지막으로 부록을 통해서는 조직문화 담당자들의 인터뷰와 더 읽어 보면 좋은 책을 소개한다.

　많은 분들의 도움이 없었다면 이 책은 세상에 나올 수 없었을 것이다. 조직문화 업무를 처음 맡아서 막막함을 느낄 때 도움의 손길을 내밀어줬던 업계의 선배들과 동료들에게 이 자리를 빌려 감사하다는 말을 전한다. 특히 이번 책에 참여하여 자신의 소중한 경험을 공유해준 분들에게 진심으로 감사드린다. 원고를 작성하는 긴 시간 동안 옆에서 응원과 격려를 아끼지 않았던 아내에게도 고맙다는 말을 전한다.

이지안

2022년 10월

1부

업무를 시작하기 전에
이것만은 알고 가자

먼저 거인의 어깨에서
바라보자

에드거 샤인이 말하는 조직문화 정의 알기

조직문화 팀에 배치되고 머릿속을 떠나지 않았던 질문은 '그래서 조직문화가 뭐지?'였다. 분명 담당 직무는 '조직문화'라고 쓰여 있었지만, 조직문화가 무엇인지 도무지 감을 잡기 어려웠다. 부서에서 오래 일한 선배들에게 물어도 "직원들이 즐겁고 행복하게 일하는 문화", "회사를 신뢰하며 자부심을 갖는 상태"처럼 저마다 대답이 모두 달랐다. 조직문화를 한 줄로 깔끔하게 정의한, 듣는 순간 '이거다' 싶은 대답은 들을 수 없었다.

내가 가졌던 궁금증은 한 권의 책을 만나면서 비로소 풀렸다. 국민대 김성준 교수가 쓴 《조직문화 통찰》이다. 일종의 조직문화 개론서로 조직문화 담당자라면 한 번은 꼭 읽어 보길 추천한다. 책에서는 조직문화의 대가이자 매사추세츠 공대(MIT) 슬론 경영대학 명예 교수인 에드거 샤인Edgar Schein의 조직문화 정의를 소개한다.

> 조직문화는 한 집단이 외부 환경에 적응하고 내부를 통합하고 문제를 해결해 나가는 과정에서 그 집단이 학습하여 공유된 기본 가정shared basic assumptions으로 정의될 수 있다.

개인적으로 이 정의를 이해하고 나서 조직문화를 바라보는 시야가 한층 더 넓어졌다. 본격적으로, 에드거 샤인 교수가 말한 조직문화의 정의를 크게 세 가지 관점으로 쪼개 살펴보자.

1
'외부 환경에 적응하고 내부를 통합하는 과정'이 조직문화에 어떤 영향을 줄까?

혹시 '조직문화는 결과다'라는 명제를 들어본 적 있는가? 우리가 조직에서 겪는 수많은 현상은 어느 날 하루아침에 툭 떨어진 것이 아니다. 조직이 탄생한 시점부터 현재 시점까지 조직 내외부의 다양한 사건을 겪으며 만들어진 결과물이다.

《조직문화 통찰》에 나오는 롯데그룹의 예를 살펴보자. 롯데그룹은 빚내서 장사하는 차입 경영을 극도로 싫어하는 문화가 있다. 많은 기업들이 적당한 부채를 레버리지 삼아 사업 영역을 넓히는 것과 대조된다. 이런 문화는 창업주인 신격호 회장이 돈을 투자 받아 공장을 세웠다가 미군의 폭격으로 망할 뻔했던 사업 초기 일화와 관련이 있다. 신격호 회장은 빚 때문에 죽을 만큼 고생했던 당시 기억 때문에 이런 말까지 남긴다. "빚은 몸 안의 독과 같아서 결국에는 몸을 죽인다."

창업주가 이렇게 말할 정도면 새로운 사업 전략을 짜거나, 재무적인 목표를 설정할 때 부채를 최소화하는 방향으로 갈수밖에 없다. 임직원들은 누가 시키지 않아도 눈치를 보면서 알아서 행동하게 된다. 이런 일련의 과정들이 반복되고 누적되면서 롯데그룹에서는 차입 경영을 싫어하는 문화가 형성됐을 것이다.

폭격으로 인해 공장이 불타면서 생겨난 엄청난 빚, 그리고 이를 극복한 과정이 바로 에드거 샤인 교수가 말한 "한 집단이 외부 환경에 적응하고 내부를 통합하고 문제를 해결해 나가는 과정"에 해당한다.

2
조직문화에는 왜 '공유'라는 특성이 있을까?

조직문화의 신기한 점은 누가 써서 벽에 붙여 놓은 것도 아닌데, 어느 순간 조직 내 모든 구성원이 동일하게 따른다는 것이다. 그래서 에드거 샤인 교수의 정의에도 '공유된Shared'이라는 단어가 등장한다.

예를 들어, 우리 회사에는 엘리베이터에서 동료를 만나면 서로 인사하는 문화가 있다. 처음에는 같은 부서도 아니고 잘 모르는 사람에게 인사하는 게 낯설고 어색했다. 하지만 이제는 엘리베이터 안에서 회사 사람을 만나면 아무런 거리낌 없이 인사한다. 모든 사람이 그렇게 행동하니 눈치껏 따라 행동하게 됐다. 나에게 '엘리베이터 안에서 인사하는 문화'가 자연스럽게 공유된 케이스다.

'공유'라는 특성을 잘 파악하고 다루는 일은 조직문화 담당자에게 중요하다. 좋은 문화는 조직 내에 더 퍼질 수 있도록 방법을 찾아야 하고, 반대로 좋지 않은 문화는 사람들 사이에 확산하는 원인을 찾아 제거해야 한다. 물론 조직문화가 형성되는 과정이 복합적이라 말처럼 쉽지는 않다.

3
조직문화는 '기본 가정 Basic assumptions'의 영향을 받는다

한국 사회에는 어른을 만나면 고개를 숙여서 인사하는 문화가 있다. 인사하는 행위 속에는 '어른을 만나면 예의 바르게 행동해야 한다'는 전제가 깔려 있다. 평상시에는 그런 전제가 스스로에게 있는지 인식조차 못하지만 일상 속에서 어른을 만나면 너무나 자연스럽게 먼저 인사를 하고, 식당에 가면 컵에 물을 따라 드린다.

방금 이야기한 사례에서 '어른을 만나면 예의 바르게 행동해야 한다'는 전제처럼 사람들이 은연중에 '지극히 당연하게 믿는 것'이 바로 기본 가정假定이다. 너무나 당연하게 받아들여지다 보니 사람들은 자신이 특정한 가정을 가지고 있다는 것조차 의식하지 못한다.

기본 가정은 물속에 잠긴 빙하처럼 우리 눈에 당장 보이지는 않지만 분명히 존재한다. 그리고 우리가 생각하는 것 이상으로 조직 내 다양한 현상에 영향을 준다. 개인적으로는 친한 동료들에게 '만물 조직문화설'을 주장한다. 조직 내 모든 현상은 조직문화 관점에서 설명할 수 있다는 나만의 진심 섞인 농담이다. 재택근무를 시행하는 가상의 두 회사를 놓고 구체적으로 기본 가정이 조직에 어떤 영향을 주는지 살펴보자.

A회사는 '직원들은 항상 최선을 다해 자신의 역할을 다한 다'는 Y이론에 기반한 기본 가정을 가지고 있다. 이런 회사에서 재택근무를 시행하면 어떻게 될까? 당장 직원들이 눈에 보이지 않더라도 불안해하지 않고, 믿고 맡기는 방식을 취할 것이다. 매일 업무 일지를 작성하거나 불시에 줌Zoom 회의를 하는 등의 감시를 위한 행동은 하지 않는다.

B회사는 '직원들은 게으르며 시간이 생기면 놀 궁리만 한다'는 X이론에 기반한 기본 가정을 가지고 있다. 이런 회사는 재택근무를 시행하면 어떻게 직원들을 관리 감독할지부터 궁리한다. 직원들은 무슨 일을 했는지 시간 단위로 업무 일지를 작성해야 하고, 관리자는 불시에 줌 회의를 소집해 자리에 있는지 감시한다.

조직문화는 재택근무뿐만 아니라 조직 내 거의 모든 것에 영향을 미친다. 벤처 투자가 피터 틸Peter Thiel이 에어비앤비에 1억 5,000만 달러 규모의 시리즈 C 투자를 한 후, '문화를 망치지 말라Don't fuck up the culture'고 조언했던 것도[1] 조직문화가 회사 전반에 영향을 주며, 그로 인해 회사의 흥망성쇠를 좌우한다는 걸 알고 있었기 때문이 아닐까?

"왜 조직문화에 대한 학술적인 정의까지 알아야 할까?"

'첫 장부터 조직문화의 정의라니… 고리타분해 보이는 학술적 정의까지 알아야 하나?' 조직문화 담당자들을 위한 책이라고 해서 당장 써먹을 수 있는 실무 지식을 기대했는데 조직문화에 대한 학술적 정의부터 시작해서 김이 빠졌을지도 모르겠다. 하지만 조직문화에 대한 기초 개념만 잘 이해하고 업무를 해도 더 나은 퍼포먼스를 낼 수 있다.

개인적으로도 조직문화에 대한 기본 개념을 이해한 뒤로는 업무에 있어서 소위 삽질을 덜 하게 되었다. 특정 프로젝트를 수행할 때 목표를 더 명확하게 설정할 수 있었고, 똑같은 일을 맡아도 디테일이 달라졌다. 경험이 부족해 실행 단계에서 미숙한 경우도 가끔 있었지만, 최소한 업무의 방향성은 제대로 설정했다. 업무에 대한 '감'이 생겼다고 해야 할까? 이것만으로도 조직문화에 대한 학술적 정의를 알아야 할 이유는 충분하다.

'이 개념'을 알기 전과 후는 확실히 다르다

조직문화의 세 가지 차원 이해하기

조직문화의 정의를 살펴봤으니 이제 누가 "조직문화가 뭔가요?"라고 물으면 쭈뼛거리지 말고 에드거 샤인의 정의로 대답하자. "간단하게 말씀드리면, 우리 조직에 공유된 기본 가정입니다"라고.

그런데 조직문화가 무엇인지 아직 알쏭달쏭한 부분이 많다. 조직문화의 정의는 알겠지만 조직문화가 어떻게 구성되는지, 실제로 현실에서 어떻게 작동하는 것인지는 여전히 머릿속에 회색지대로 남아있다. 다행히도 우리를 도와줄 에드거 샤인의 지혜가 많이 남아 있다. 이제는 에드거 샤인이 말하는 조직문화의 세 가지 차원[2]을 알아보자.

| **에드거 샤인이 말하는 조직문화의 세 가지 차원** |

- 물리적 공간과 겉으로 드러난 행동 등의 '인공물Artifact'
- 그 집단이 표방하는 '신념'이나 '가치Espoused values'
- 신념, 가치관 이면에 숨겨져 있는 '기본 가정Basic underlying assumptions'

1

인공물
Artifact

조직문화에서의 인공물은 조직이 문화적으로 표출한 모든 것을 뜻한다. 조직에서 보고 듣고 느낄 수 있는 현상, 물건이 해당한다. 기업 로고, 사가社歌, 근무 복장, 고유한 용어, 의례는 물론 조직이 만든 제품, 서비스, 조직 구조, 제도, 정책 등 그 야말로 조직 내에서 만나는 모든 것을 말한다.

가장 쉬운 예로 평소에 일하는 사무실 풍경을 떠올려보자. 우리 사무실의 자리 배치는 어떻게 되어 있는가? A회사는 팀장이 나머지 팀원들의 근무 상황을 한눈에 볼 수 있고, 자리 배치만 봐도 누가 팀장이고 팀원인지 알 수 있는 구조다. 임원이 되면 일반 직원들과 다르게 자리가 커지고, 조직장이 되면 별도의 사무실이 부여된다. B회사는 직급과 상관없이 모두가 동등한 넓이의 자리를 가지며 누가 팀장인지 알 수 없는 자리 배치를 하고 있다. 심지어 대표 이사도 일반 직원과 똑같은 크기의 자리를 쓰고, 회의실도 예약해서 쓴다.

A회사와 B회사의 문화는 같을까 다를까? A회사는 리더가 주도권을 가지고 관리와 통제가 중심이 되는 수직적인 문화를 가질 확률이 높다. B회사는 구성원이 주도권을 가진, 자율과 소통 중심의 수평적인 문화일 확률이 높다. 사무실 구조 또한 그 조직의 문화가 반영된 인공물이기 때문이다. 회사 입구, 사무실 배치만 봐도 대략 어떤 문화인지 짐작할 수 있다는 말이 무슨 뜻인지 이제는 이해한다.

2
표방하는 신념이나 가치
Espoused values

표방 가치는 조직에서 중요하다고 주장하는 가치를 뜻한다. 미션, 비전, 핵심 가치, 리더십 원칙 같은 형태로 쉽게 접할 수 있다. 이런 표방 가치는 우리 조직이 어디로 가야 하는지, 평소에 회사에서 어떻게 행동해야 하는지 알려주는 일종의 가이드라인이다. 구성원이 많아지고 조직의 복잡도가 올라갈수록 표방 가치의 중요성은 더욱 커진다. 마치 북극성처럼 나아갈 방향을 알려 주기 때문이다.

아마존의 '첫날 정신(Day 1)'은 대표적인 표방 가치이다.

Day 1은 매일 새로운 마음가짐으로 도전한다는 뜻으로, 온라인 서점에서 출발한 아마존이 전방위적으로 사업을 확장하며 '아마존 제국'을 건설하는 정신적 기틀이 됐다.[3] 아마존은 1997년 상장하며 주주들에게 보내는 공개서한 말미에 Day 1 정신을 강조했는데, 이후의 공개서한에도 항상 1997년에 보낸 편지를 첨부해 유명해졌다. Day 1은 고객에 대한 집착, 고품질의 빠른 결정, 실패에 대한 수용 등을 의미하며 아마존 구성원들이라면 모두가 지켜야하는 원칙이다.[4]

아쉬운 점은 기업들이 핵심 가치를 명문화하여 구성원들에게 알리지만 정작 현실에서는 표방 가치가 작동하지 않는다는 점이다. 많은 회사들의 홈페이지에서 볼 수 있는 '도전 정신'이라는 가치를 예로 들어보자. 한 신입 사원이 회사의 홈페이지에 있는 도전 정신이라는 가치에 감명을 받아, 입사 이후에 혁신적인 기획을 내놓았다고 가정해 보자. 성공 가능성이 100%는 아니지만 시도해 볼만한 가치가 충분히 있는 제안이다. 하지만 보고를 받은 상사는 이런저런 이유를 대며 시도할 기회조차 주지 않는다. 이런 상황에서 신입 사원은 본인이 입사한 회사가 도전 정신이라는 가치를 지키는 회사라고 느낄 수 있을까? 오히려 홈페이지에 있는 가치와 현실의 괴리로 인해 조직에 대한 냉소가 커질 수 있다. 지킬 수 없는 가치라면 차라리 표방하지 않는 편이 더 낫다.

3
암묵적인 기본 가정
Basic underlying assumptions

기본 가정은 '지극히 당연하다고 믿는 것'을 말한다. 구성원들 사이에서 너무도 당연히 여겨져 '우리가 그런 신념을 가지고 있다'라는 의식조차 못 하는 경우가 많다. 주로 그 조직이 가장 중요하게 여기는 자원 또는 개념을 중심으로 형성된다. 돈, 인간, 조직, 효율, 성과, 제품, 기술, 서비스, 고객 등이다.[5]

인간에 관한 대표적인 기본 가정으로 X이론과 Y이론이 있다. Y이론을 믿는 조직은 '직원들은 항상 더 좋은 결과를 만들기 위해 스스로 최선을 다한다'고 가정한다. 이런 조직에서는 직원에 대한 신뢰를 바탕으로 많은 권한과 자율을 부여한다. 넷플릭스Netflix가 무제한 휴가 정책을 도입한 이유는 무제한으로 휴가를 쓸 수 있게 해도 구성원 스스로 판단하여 적정선에서 사용할 것이라는 믿음이 있기 때문이다.

반면에 X이론을 믿는 조직은 '직원들은 가만히 두면 게을러지고 일을 하지 않으려 한다'고 가정한다. 이런 조직에서는 직원의 근태를 빡빡하게 감시하고 구성원의 행동 하나하나를 통제한다. X이론에 기반한 조직에서 무제한 휴가 정책은 상상조차 할 수 없다. 직원들이 자신의 책임은 다하지 않고 맨날 휴가만 가서 일이 제대로 안 될 것이라고 생각하기 때문이다.

기본 가정이 중요한 이유는 기본 가정이야말로 조직문화의 핵심이자, 한 조직을 구성하는 근간이기 때문이다. 앞에서 예를 든 휴가 정책을 생각해 보자. 조직이 어떤 기본 가정을 가지고 있는지에 따라 정책이 달라지는 걸 볼 수 있다. 승진, 평가, 보상 같은 HR 제도는 물론이고 회사 안에서 사람들이 관계 맺고 일하는 방식까지, 기본 가정은 조직의 모든 영역에 전방위적으로 영향을 준다.

"조직문화 담당자는 세 가지 차원을 균형 있게 고려해야 한다."

조직문화의 세 가지 차원은 물에 반쯤 잠긴 빙하의 이미지에 대입하면 기억하기 쉽다. 우리가 조직에서 눈으로 보고 귀로 듣는 것은 물 밖에 둥둥 떠있는 빙하, 즉 인공물과 표방 가치다. 하지만 조직문화를 진짜로 움직이는 건 물 밑에 잠겨 있는 기본 가정이다. 눈에 보이지 않지만 그렇다고 존재하지 않는 것은 아니다. 오히려 눈에 보이는 빙하보다 물밑에서 더 큰 영향력을 발휘한다.

조직문화 담당자는 업무를 할 때 항상 조직문화의 세 가지 차원을 고려하며 업무를 해야 한다. 우리 조직의 인공물 – 표방 가치 – 기본 가정이 잘 정렬Align되어 있는지, 만약 정렬이 깨진 지점이 있다면 그 곳이 어디인지 찾아내고 다시 정렬을 맞춰야 한다. 만약 업무를 새롭게 기획한다면 우리 조직의 기본 가정에 어떤 영향을 줄지 먼저 고민하고 실행해야 한다.

실전!
남의 회사 조직문화 분석하기

〈네고왕〉, 〈워크맨〉으로 '보는 눈' 틔우기

앞서 살펴본 조직문화의 정의, 구성을 실제 현실에 대입해 보는 연습을 해보자. 개념은 이해했지만 혼자서 현상을 분석하는 것이 아직은 어려운 분들을 위해 준비했다. 연습 방법은 다른 회사의 문화를 엿볼 수 있는 유튜브 영상 콘텐츠를 시청한 후 분석하는 방식이다. 최근 들어 회사를 주제로 한 영상 콘텐츠들이 많아지면서 간접적으로 다른 회사의 문화를 엿볼 수 있는 기회가 생겼다.

함께 분석해 볼 유튜브 콘텐츠는 〈네고왕〉 시즌1의 3번째 에피소드 당근마켓 편[6]과 〈워크맨〉의 대학내일 편[7]이다. 먼저 영상을 보면서 각 회사의 조직문화를 짐작할 수 있는 장면을 찾아보자. 그런 다음 앞서 배운 조직문화의 세 가지 차원에 맞춰 분석해보자. 참고로 각 회사의 조직문화를 엿볼 수 있는 장면은 짧게 나오는 경우가 많으니 집중해서 영상 보는 것을 추천한다.

〈네고왕〉 당근마켓 편
youtu.be/Yw5YZQXYDro

〈워크맨〉 대학내일 편
youtu.be/h0tg0iKA7NI

장면 1
두 회사의 대표 자리가 말하는 것

"제가 회사 생활을 안 해봤지만… 너무 대접을 못 받는 것 아니에요?" 네고왕을 진행하는 광희가 당근마켓 사무실에서 대표 자리를 본 다음 하는 말이다. 그런 말이 나올 법도 한 게, 당근마켓에서는 대표 자리가 따로 있지 않다. 일반 직원들과 같은 크기의 책상을 쓰며, 심지어 주변 책상에는 파리채가 너저분하게 올려져 있다. 자리만 봐서는 누가 대표인지 알기가 어렵다. 광희와 대화를 위해 자리를 옮길 때도 별도의 대표 전용 공간이 아닌 일반 직원들이 쓰는 회의실로 간다. 회사 대표라고 해서 직원들과 다른 차별적인 혜택이 없다는 걸 잘 보여 주는 장면이다.

재밌는 건 대학내일도 당근마켓과 비슷하다는 점이다. 대학내일 대표도 별도의 사무실 없이 직원들과 같은 크기의 공간을 사용한다. "우리 대표님 자리가 여기인 거예요?" 대학내일을 찾아간 MC 장성규가 놀랍다는 표정으로 여기가 대표 자리가 맞냐고 물어볼 정도다. 영상 속에서 장성규는 대표 자리를 보며 "심지어 막내 자리야"라고 말하고 자막에는 "보통 회사의 끝자리는 신입 사원이 앉는 경우 多"라고 나온다. 이후의 인터뷰를 통해 대학내일에서는 자리를 사다리 타기로 정하며 대표라고 예외가 없다는 내용이 나온다. 대학내일은 자리 배치에 있어 대표라고 해도 특혜를 주지 않는다.

당근마켓과 대학내일의 자리 배치는 조직문화의 세 가지 차원 중 인공물에 해당한다. 그렇다면 두 회사의 자리 배치가 보여 주는 기본 가정은 무엇일까? 바로 "회사 대표의 사회적 지위는 다른 사람과 다르지 않다"이다. 회사 내에서 맡은 일에 따라 역할이 다른 것이지 인간적인 높낮이는 존재하지 않는다는 가정이다. 이와 반대되는 가정은 "회사 대표의 사회적 지위는 다른 사람과 다르다"이다. 이런 가정을 가지면 회사 대표의 사무실은 다른 직원과 다르게 크고 넓으며 별도의 의전과 혜택이 따라온다.

장면 2
대학내일 구성원이 좋아하는 대표의 경영 철학

대학내일을 찾아간 MC 장성규는 엘리베이터 앞에서 대학내일 구성원들을 만나고 "대학내일이라는 회사에서 가장 좋아하는 게 어떤 거예요?"라고 묻는다. 직원들은 질문에 "대표님의 경영 철학이 너무 좋아요"라고 답하고 대표의 경영 철학인 "주인이어야 주인 의식이 생긴다"를 소개한다.

대표의 경영 철학은 그 회사가 표방하는 가치를 잘 보여 준다. 한 회사의 표방 가치는 경영 철학 외에도 핵심 가치, 리더십 원칙 등 다양한 형태로 표현된다. 표방 가치는 회사 운영의 근간이 되기 때문에 통상적으로는 명문화해서 누구나 잘 볼 수 있는 공간에 게시해 둔다. 채용 시에도 요긴하게 활용되기 때문에 회사 홈페이지를 통해 외부에도 공개하는 경우가 대부분이다.

대학내일 사례에서 인상적이었던 것은 표방 가치와 제도의 연결이었다. 주인이어야 주인 의식이 생긴다는 경영 철학에 맞게 대학내일은 사내 주주제도(회사의 주식을 사내 임직원만 보유), 대표 이사 선출 제도(3년마다 직원 투표로 대표이사 선출)를 운영한다. 말로만 '주인 의식을 가지고 회사에서 행동하라'고 하는 게 아니라 정말로 구성원을 회사의 주인으로 만드는 것이다. 많은 회사들이 표방하는 가치가 현실에서는 작동하지 않아 구성원들이 공허함을 느끼는 것과 대비된다.

이러한 가치와 제도가 작동하기 위해서는 회사를 이끄는 대표가 어떤 기본 가정을 가지고 있는지가 중요하다. 대학내일을 이끄는 김영훈 대표는 "직원들에게 주인 의식을 가지라고 말하는 것은 소용이 없다. 주인이 되게 해줘야 한다"며 "주인이 된다는 것은 회사를 소유할 수 있는 권리, 이익을 분배받을 수 있는 권리, 정보를 공유 받을 수 있는 권리, 의사 결정에 참여할 수 있는 권리를 의미한다"고 말한다.[8] 이러한 회사대표의 기본 가정이 있었기에 대학내일은 표방하는 가치와 제도가 일치하는 조직을 만들 수 있었다.

장면 3
<u>당근마켓의 의사 결정 방식</u>

네고왕은 프로그램 콘셉트상 마지막에는 회사 대표와 광희가 협상을 한다. 광희는 보통 말도 안 되는 요구(제품 반값 할인, 1+1 행사 진행 등)를 하고, 이를 마지못해 대표가 받아들이는 게 프로그램의 재미 포인트다. 당근마켓 편에서도 광희는 당근마켓 대표에게 앱에서 체크 리스트 기능을 업데이트 해달라는 요구를 한다. 이에 대한 대표의 답변은 "카이(개발자)에게 물어봐야 하는데…"이다. 이런 대표의 반응에 광희는 "네 고왕은 대표와 이야기하면 끝나는데 여기는 왜 이렇게 일이 많아"라고 볼멘소리를 한다.

이 장면이 인상적이었던 건 당근마켓의 의사 결정 방식을 보여 주기 때문이다. 대표와 이야기하면 끝난다는 광희의 말처럼 보통의 회사들은 대표의 말이 곧 법이 된다. 대표가 독단적으로 결정해도 함부로 태클을 걸기 어려우며 '까라면 까' 모드로 일단 실행해야 한다. 반대로 당근마켓은 아무리 대표라고 해도 모든 것을 마음대로 결정할 수 없다. 광희가 "담당자가 괜찮다고 했다"는 말을 하자 그제서야 당근마켓 대표는 "저희 팀 분들이 좋다고 한 거 같아서"라며 광희의 제안을 수락한다. 당근마켓에서는 실무에 있어서 각 분야 담당자들의 의사 결정이 대표의 의사 결정보다 더 중요하게 다뤄진다는 걸 이 한 장면에서 알 수 있다.

그렇다면 당근마켓은 의사 결정에 있어서 어떤 기본 가정을 가지고 있을까? '대표라고 할지라도 모든 것을 알 수는 없다', '각 분야의 전문가들이 의사 결정할 때 일의 성과가 더 좋다' 정도가 아닐지 추측해 본다. 이런 기본 가정이 있기에 최종 협상에서 대표가 멋쩍어 하며 실무자에게 먼저 물어봐야 한다고 말하는 장면이 나올 수 있지 않았을까?

조직문화를 보는 좋은 눈을 기르자

조직문화에 대한 이해도가 높아질수록 회사에서 일상적으로 마주치는 장면들이 사실은 문화적 결과물임을 알게 되었다. 전에 일했던 회사에서는 임원 전용 엘리베이터와 주차장이 있었다. 예전에는 아무렇지 않게 지나쳤던 장면이지만, 조직문화를 공부하고 나서는 '임원과 일반 직원들의 지위는 동등하지 않다'는 기본 가정이 만들어낸 인공물이라는 걸 알게 되었다.

만약 이런 상황에서 '직급에 관계없이 모든 구성원의 지위가 동등함'을 의미하는 수평적 문화를 구축하고자 한다면 어떻게 해야 할까? 임원 전용 엘리베이터와 주차장은 반드시 제거해야 하는 인공물이 된다. 이처럼 조직문화를 보는 눈만 달라져도 우리 조직의 무엇을 강화하고 무엇을 제거해야 할지 명확하게 알 수 있다.

평소에 회사 생활을 하면서 독특하다고 느꼈던 현상들이 있다면 어떤 기본 가정이 반영되어서 발생한 현상인지 분석해보자. 연습하다 보면 엑스레이로 비춰보는 것처럼 눈에 보이는 현상 이면에 있는 문화적 원리까지 알 수 있게 된다. 조직문화 업무를 하는 사람에게 우리 조직의 문화를 꿰뚫어 볼 수 있는 좋은 눈은 반드시 필요하다.

조직문화를 만들 때
최소한 세 가지는 고려하자

윤리적, 생존 지향적, 강점 집중

"국내에 조직문화가 좋은 회사가 있나요?"

조직문화, HR컨설팅을 담당하는 전문가에게 국내에 조직문화가 좋은 회사가 있는지 물어봤던 적이 있다. 업무 특성상 여러 회사를 만나고 그들의 조직문화를 살펴보는 분이니 평소의 궁금증을 해결해줄 것이라고 생각했다. 대답은 "글쎄요, 아직 못 본 것 같습니다"였다. 대답을 듣고 맥이 빠졌다. 지향점이 없어지는 느낌이랄까. 구글, 아마존 같은 외국 기업들은 멀게만 느껴졌고, 그나마 국내에 있는 회사 중에 롤 모델을 찾고 싶었다. 그런데 조직문화가 좋은 회사가 없다니.

시간이 지나고 다시 생각해보니 질문 자체가 잘못되었다는 걸 깨달았다. 나는 '좋은 조직문화'라는 절대적인 이상향을 설정하고 그에 맞는 회사가 있는지를 묻고 있었다. 그런데 하나의 이상향은 존재하지 않는다. 예를 들어 넷플릭스는 가족 같은 조직이 아니라 '프로 스포츠팀' 같은 조직을 지향한다. 하지만 고객 관리 솔루션을 제공하는 세일즈 포스Salesforce 같은 회사는 '가족'이라는 뜻의 '오하나Ohana'를 중시한다.[9] 넷플릭스와 세일즈 포스는 단일한 문화가 아닌 자신에게 맞는 '우리만의 문화'를 지향하고 있었다.

내가 해야 할 질문은 '좋은 조직문화가 무엇인가요?'가 아니라 '우리 회사에 맞는 조직문화를 만들려면 무엇을 고려해야 하나요?'였다.

우리 회사에 맞는 조직문화를 만들 때 무엇을 고려해야 할까?

외부 언론에 보도될 만큼 특색 있고 독특한 문화를 만들기 이전에, 기본을 지키는 것이 더 중요하다고 본다. 그런 면에서 지금부터 말하는 고려 사항들은 최대치가 아닌 '이것만은 지키자'는 최소치에 관한 것이다.

1. 윤리적이고 인간적이어야 한다

일주일에 한 번씩 '조직문화'를 키워드로 뉴스를 검색했던 적이 있다. 그때 느꼈던 건 조직문화라는 단어가 들어가는 뉴스 중 의외로 부정적인 내용의 기사가 많다는 점이다. "최근 ○○ 조직에서 5년 이내 입사자의 퇴사율이 증가하고 있는데, 그 원인으로 보수적인 조직문화가 꼽히고 있다", "지속적인 성희롱이 발생하는 원인으로 폐쇄적인 조직문화가 꼽히고 있다" 같은 류의 기사들이 주기적으로 자주 눈에 띄었다.

2021년 9월에는 대전의 한 9급 공무원이 극단적 선택을 하는 사건이 있었는데, 그 원인 역시 잘못된 조직문화가 꼽혔다. 부당한 업무 지시(출근 시간보다 한 시간 일찍 와서 상사의 커피를 타라고 지시), 직장 내 따돌림(인사를 받아주지 않는 등 투명 인간 취급)이 빈번하게 벌어졌다.[10] 같은 해 5월 국내 유명 IT 대기업에서는 임원급 상사의 지속적인 폭언과 모욕적 언행에 시달리던 팀장이 극단적 선택을 하는 사례도 있었다.[11]

수평적인 문화, 자율적인 문화를 말하기 이전에 한 명의 인간으로서 존엄을 지킬 수 있는 문화를 만들어야 한다. 우리 사회의 상식에 비추어 봤을 때 이에 어긋나지 않는 문화여야 한다. 솔직하게 서로에게 피드백 하되 인신공격을 하거나 사람을 깎아내려서는 안 된다. 최소한의 선을 지키는 문화가 전제될 때 우리 조직에 맞는 좋은 문화가 꽃필 수 있다.

2. 목표 달성과 생존에 적합해야 한다

회사의 존재 이유는 무엇일까? 비전 달성, 재무적인 성과 창출, 사회 문제 해결 등 개인의 가치관에 따라 다르게 대답할 것이다. 모두 옳다고 생각한다. 그런데 이 모든 것을 이루기 위해서는 우선 시장에서 살아남아야 한다. 그래야 비전도 달성할 수 있고, 재무적인 성과도 창출할 수 있으며, 우리 사회의 문제도 해결할 수 있다. '생존'이라는 프레임으로 조직문화를 살펴보면 무엇을 취하고 무엇을 버려야 하는지 많은 것이 명확해진다.

최근 많이 언급되는 수평적인 문화, 투명한 정보 공개, 피드백 문화도 생존이라는 관점에서 이해할 수 있다. 과거와 달리 정보량이 너무나 많아졌고 일의 복잡성이 늘어났다. 아무리 똑똑한 리더라고 해도 한 명이 모든 것을 알 수 없는 상황이 되었다. 또한, 기술과 사회의 변화 속도가 너무나도 빨라서 한 명이 시시각각 변하는 모든 정보를 취할 수 없는 구조가 되었다. 이러한 상황에서는 리더가 머리가 되고 직원 개개인이 손발이 되는 구조가 아니라, 모든 직원이 머리가 되어 자발적으로 움직이는 구조가 되어야 한다.

분산된 의사 결정 구조 속에서 자발적으로 움직이는 조직이 되려면 관계에 있어서는 수평적이어야 하고, 정보가 투명하게 공개되어야 하며, 서로 빠르게 의견을 주고받을 수 있는 피드백 문화가 조성되어야 한다. '실리콘밸리의 기업들이 하고 있어서', '유명 IT 기업이 하고 있어서' 하는 것이 아니라 그렇게 변화하지 않으면 살아남을 수 없는 시대다.

영화 〈짝패〉의 대사처럼 '강한 놈이 오래가는 게 아니라, 오래가는 놈이 강한 것'이다. 변화하는 시장에 대응해서 꾸준히 목표를 달성하고 이를 통해 조직이 생존할 수 있는 문화를 가꾸고 발전시키자.

3. 우리 조직만의 고유한 강점을 살려야 한다

조직문화 담당자로 했던 많은 일들의 기본 전제는 '우리 조직에 있는 문제점을 찾아서 개선한다'였다. 이렇게 일하다 보니 자꾸 조직의 문제점만 눈에 들어왔다. 어느 순간에는 우리 조직이 문제투성이의 망하기 직전 조직처럼 느껴질 정도였다. 하지만 회사마다 장점과 단점은 공존한다. 특히 업력이 긴 기업일수록 시장에서 살아남은 이유가 분명히 존재한다. 그 이유를 찾고 어떻게 하면 더 강화할 수 있을지도 담당자로서 고민해야 한다.

우리 조직에 대한 내부 구성원들의 일반적인 평가는 '상명하복의 보수적인 문화'다. 그런데 과거 사례를 찾다 보니 우리 조직의 성공 비결에는 상명하복이 아닌 자신의 의견을 소신 있게 밀고 나가는 우직함도 있었다. 특히 우리 회사의 주력 브랜드가 탄생한 배경에는 경영진의 반대에 굴하지 않고 끝까지 모두를 설득했던 한 담당자의 노력이 있었다. 출시한 신제품은 놀라운 성공을 거두었고 지금은 글로벌 브랜드로 성장해서 회사를 먹여 살리고 있다. 이와 비슷한 사례가 회사 역사 속에서 여럿 있었다.

이런 점들을 살펴봤을 때 우리 조직의 DNA에는 상사의 의견에 무조건 "YES"만 외치는 것이 아니라 소신 있게 자신의 의견을 밀어붙이는 우직함도 있다는 걸 알 수 있다. 조직의 고유한 문화와 강점을 어떻게 증폭시킬지 고민하는 것도 중요한 일이라고 생각한다.

우리만의 좋은 문화를 만들겠다는 의지가 먼저다

구글의 문화를 지금 당장 도입한다고 했을 때 우리 회사가 정말 좋아질까? 머릿속에서 가상의 사고思考 실험을 했는데, 결과는 '폭망'이었다. 귤이 회수를 건너면 탱자가 되는 것처럼 다른 회사에서는 잘 작동하는 문화와 제도가 우리 조직에서는 다르게 작동할 수 있다. 내가 속한 조직의 토양(업의 특성, 구성원의 성향 등)을 고려하지 않고 따라하기 식으로 새로운 문화를 도입하면 상황을 악화시킬 수 있다.

세상에 100개의 회사가 있다면 100개의 소우주가 있는 것과 같다. 각 회사가 처한 상황, 구성원들의 성향은 그야말로 천차만별이다. 다른 회사의 문화를 참고할 수는 있지만 100% 똑같은 문화를 만드는 것은 처음부터 불가능하다. 중요한 것은 우리만의 좋은 문화를 만들겠다는 의지다. 우리 조직만의 고유한 '자기다움'을 고민하며 시행착오를 거쳐갈 때 비로소 우리에게 잘 맞는 문화를 만들 수 있다.

앞으로 조직문화가
더욱 중요해지는 이유

인재들의 새로운 회사 선택 기준

'조직문화가 조직의 생존을 결정한다'는 문장을 믿는다. 그도 그럴 것이 조직문화가 조직에 미치는 영향은 방대하다. 조직내 의사 결정 방식, 커뮤니케이션, 주요 자원(돈, 시간 등)의 사용 방법 등 조직문화가 영향을 주지 않는 곳이 없다. 회사를 움직이는 건 눈에 보이는 명문화된 규정이기도 하지만, '보이지 않는 율법'인 조직문화이기도 하다. 따라서 어떤 문화를 유지하는지가 조직의 생존에 영향을 준다.

하지만 조직문화 담당자가 아니고서는 '조직문화가 조직의 생존을 결정한다'는 문장을 직관적으로 받아들이기 쉽지 않다. "그래, 광범위한 영향을 주는 건 알겠어. 근데 조직문화가 나쁘다고 당장 회사가 휘청거리는 건 아니잖아?"라고 말할 수도 있다. 그런데 최근 들어 '조직문화가 조직의 생존을 결정한다'를 입증할 수 있는 직관적인 사례들이 발생하고 있다. 인재 영입에 있어 조직문화의 중요성이 부각되는 현상이다.

조직의 생존에 있어 인재 영입의 중요성을 빼놓고 말할 수 없다. 국내 시가 총액 1위 기업 삼성이 글로벌 시장을 선도하는 배경에는 인재 중심 경영이 있다. 초대 이병철 회장은 1980년 전국 경제인 연합회(전경련) 강의에서 "나는 내 일생을 통해서 80%는 인재를 모으고 기르고 육성시키는 데 시간을 보냈다"고 할 정도로 인재를 중시했다.[12] 능력 있는 인재 영입은 조직의 생존과 직결되는 핵심 요인이다.

그런데 조직의 미래를 좌지우지할 수 있는 인재들이 기업을 선택할 때 연봉, 복지뿐만 아니라 조직문화도 고려하기 시작했다.《한국경제》기사에 따르면 '자본시장의 꽃'이라고 불리던 IB(투자은행)·PEF(사모투자펀드)운용사·전략 컨설팅사의 10년차 미만 주니어 인력들이 이탈하기 시작했다. 이들은 유니콘 기업, 유망 스타트업이 자리잡고 있는 판교 일대로 이직하고 있는데, 이들의 이탈 요인 중 하나로 국내 IB·PEF 특유의 수직적 기업 문화가 꼽힌다.[13] '신의 직장'이라고 불리는 한국은행에서도 보수적인 문화로 인해 최근 20~30대 직원들의 퇴사가 이어지고 있다.[14]

세대 갈등이 보여주는 한국 기업들의 갈등 상황

기업을 떠나는 이들이 문제를 제기하는 보수적인 문화란 무엇일까? 이에 대한 힌트는 '세대 갈등'이라는 키워드에서 찾을 수 있다.[*] 대한상공회의소에서 2019년도에 실시한 세대 간 인식 조사 결과에 따르면 대기업, 중견 기업 직장인 약 1만 3,000명 중 63.9%가 세대 갈등을 경험했다.[15]

직장인들이 세대 갈등을 겪는 장면은 다양하다. 의사 결정 장면을 예로 들면 위 세대는 자신의 경험과 노하우를 바탕으로 일방적으로 업무 지시를 하고, 아래 세대는 이런 상명하복식 의사소통에 답답해한다. 위 세대는 조직 단합과 소통을 위해 회식이 필요하다고 생각하지만, 아래 세대는 회식을 장소 예약, 고기 굽기 같은 의전의 연속이라고 느껴서 차라리 하지 않는 게 더 낫다고 생각한다. 복장을 놓고도 의견이 갈린다. 위 세대는 정갈하게 옷을 차려 입어야 한다고 생각하고 자신의 복장도 제대로 못 챙기면서 어떻게 일을 잘하겠냐고 생각한다. 아래 세대는 일만 잘하면 되지 복장이 무슨 상관이냐고 생각한다.[16]

● 특정 세대의 특성을 일반화, 단순화하는 세대론에는 동의하지 않는다. 다만 세대 갈등이라는 이름으로 표현되는 조직 내 현상과 이에 대한 분석에서는 시사점이 있다고 생각한다.

세대 갈등이 표면적인 현상이라면 본질은 서로가 선호하는 가치와 문화의 충돌이다. 의사 결정 과정의 갈등은 일방적으로 자신의 의견을 관철시키려는 위 세대와, 직급에 따른 구분이 아니라 동등한 입장에서 보다 나은 아이디어로 승부를 보려는 아래 세대의 문화, 즉 수직적 문화와 수평주의 문화의 충돌이다. 회식은 개인보다는 조직을 우선시하는 집단주의, 조직보다는 개인의 삶을 중시하는 개인주의의 충돌로 이해할 수 있다.

김성준·이중학·채충일의 논문 〈꼰대, 한국기업 조직문화 차원의 연구〉에 따르면 "한국 기업들은 역사적으로 수직적 – 수평적, 집단주의 – 개인주의, 온정주의 – 성과주의의 긴장 관계"[17] 속에 있는데, 이러한 갈등이 심화된 결과, 최근 젊은 인재들이 조직을 이탈하는 사례가 빈번하게 발생하는 것이다.

새로운 문화로 무장한 기업들의 등장

과거에는 회사가 마음에 들지 않아도 참는 것밖에는 방법이 없었다. 대기업이라는 양질의 일자리에 일단 취업을 하게 되면 회사원 신분을 유지하는 이상 별다른 대안이 없었기 때문이다. 그런데 최근 몇 년간 상황이 달라졌다.

산업 구조가 제조업 중심에서 기술, IT, 서비스로 바뀌어 가며 전통 대기업 외에도 비교적 젊은 IT 기업들이 등장하기 시작했다. 이들은 대체로 수평적이고 자유로운 문화를 지향하는 것으로 알려져 있다. 높은 성장 가능성, 새로운 조직문화, 매력적인 처우를 내세우는 IT 기업들이 기존 대기업의 보수적인 문화에 실망한 직장인들에게 새로운 대안처럼 떠오르는 모양새다. 구직 시장에서 절대적 우위를 차지했던 전통 대기업들은 이제 새로운 문화로 무장한 기업들과 인재 영입을 놓고 경쟁해야 하는 상황이다.

쇼핑할 때 가격, 품질, 디자인을 종합적으로 고려하는 것처럼 앞으로 구직자들은 기업을 선택할 때 연봉, 복지 뿐만 아니라 조직문화까지 꼼꼼히 따져보고 나에게 맞는 기업을 선택할 것이다. 잡플래닛, 블라인드로 인해 기업들의 내부 사정을 전보다 알기 쉬워졌고 리멤버 커리어, 원티드 같은 채용 플랫폼의 발달로 전보다 이직이 쉬워졌다.[18] 커리어 시장의 판도가 바뀌고 있다.

조직문화에서 앞서가는 기업이 미래를 선점한다

기업의 생존을 좌우하는 젊은 인재들을 붙잡기 위해서는 조직문화 관리에 힘써야 한다. 그렇지 않으면 필요한 인력을 적시에 충원하지 못해 사업 운영에 차질이 생기게 된다. 이를 잘 보여 주는 것이 은행업계다.

은행가의 최근 화두는 디지털 트랜스포메이션(DT)이다. 그런데 시중 은행들은 DT 실현을 위한 필수 인력, 즉 개발자 모집에 난항을 겪고 있다. 그 이유로 은행권 특유의 보수적인 문화가 꼽힌다. 아래 기사에 나온 인터뷰를 보면 개발자들이 은행권 취업을 꺼리는 이유를 알 수 있다.

은행에서 근무하다 IT업계로 이직한 개발자 A씨는 "일단 은행은 복장부터가 '풀full 정장'"이라며 "개발 업무 특성상 코드를 이리저리 바꿔보며 최선의 코드를 찾아야 하는데 은행은 코드 하나 바꾸는 데도 결재를 받아야 한다"고 말했다. 게임업계 개발자 B씨는 "개발자들 사이에서 '은행은 개발자가 일을 하는지 안 하는지 뒤에 서서 감시하고 있다'는 우스갯소리까지 돈다"며 "IT회사에서 코딩은 일정 기간을 주고 결과를 내는 프로젝트 형식으로 진행되는데 어떤 은행에선 하루하루 뭘 했는지 보고까지 한다고 들었다"고 했다.[19]

시중 은행과 달리 새로운 문화로 무장한 인터넷 은행들은 조금 다른 상황이다. 모바일 금융 플랫폼 '토스Toss'를 서비스하는 비바리퍼블리카의 2021년 개발자 공개 채용에는 지원자 5,300명이 몰렸다.[20] 카카오뱅크는 전체 인력의 40%가 IT 전문 인력이라고 한다.[21] '4차산업혁명 벤처투자협의회'에서 강연한 카카오뱅크 윤호영 대표에 따르면 카카오뱅크의 직원 30%가 기존 금융권에서 온 사람들인데 "왜 오셨느냐" 질문해 보면 "연봉, 비전 외에 문화가 끌려서 왔다"고 답하는 경우가 많다고 한다.[22]

전통 시중 은행과 인터넷 은행의 사례를 보면 인력 모집에 있어 둘을 가른 결정적 차이가 조직문화임을 알 수 있다. 만약 이런 상황이 계속된다면 어떻게 될까? 인재 영입이 늦어지면 전통 은행들의 DT는 늦어지게 되고, 이는 서비스 품질이 떨어지는 결과를 낳는다. 결국에는 기업 경쟁력 약화로 이어진다. 전통적 문화를 가진 기업일수록 조직문화 변화에 대한 압력은 시간이 갈 수록 점차 거세질 것이다.

관리와 통제 중심의 전통적인 조직문화로는 핵심 인재를 영입하기 힘들다. 새로운 시대에 맞는 새로운 조직문화 모델이 필요하다. 앞으로 어떤 조직문화를 만들어야 할지는《구글의 아침은 자유가 시작된다》의 서문에 나오는 문장이 시사점을 준다. "사람은 본래 선하다는 믿음 그리고 직원을 기계가 아니라 회사의 주인처럼 대할 용기만 있으면 된다." 인간에 대한 새로운 가정에 기반해서 새로운 조직문화 모델을 먼저 만들어 낸 기업들이 앞으로의 미래를 선점할 것이라고 조심스럽게 예측해 본다.

공부는 나의 힘

부끄럽지만 나는 원래 공부를 열심히 하는 직장인은 아니었다. 업무에 필요한 지식을 어쩔 수 없이 습득하는, 딱 그 정도였다. 퇴근하고 집에 들어오는 순간 머릿속에서 회사와 관련된 모든 관심을 꺼버렸다. 조직문화 업무를 맡기 전까지는 당장 하고 있는 업무에 대해 더 알고 싶다고 생각하지 않았다.

그런데 조직문화 담당자가 되고 나서는 뭔가 달라졌다. 이상하게도 조직문화라는 단어가 호기심을 자극했다. 딱딱해 보이는 '조직'과 말랑말랑해 보이는 '문화'의 조합이라니. 알 것 같으면서도 막상 제대로 설명하려면 어려운 알쏭달쏭한 단어였다. 회사에서 조직문화 담당자로 불리면서 조직문화를 제대로 알지 못하는 것도 괜히 자존심이 상했다. 담당자가 된 지 한 달이 지났을까? '조직문화가 무엇인지 알아보려는 시도라도 해 보자'는 생각이 슬그머니 고개를 들었다.

조직문화를 공부하는 가장 쉬운 방법은 관련 책을 읽는 것이다. 다만 자신의 의지박약을 알기에 혼자서 읽으면 얼마 못 가서 포기할 것이 뻔했다(특히 평소에 읽어본 적 없는 조직문화 책이라면 더더욱). 그래서 여러 사람과 함께 책을 읽는 유료 독서 모임 '트레바리'를 택했다. 마침 장영학 님이 클럽장으로 참여한 북클럽이 있었다. 영학 님이 퍼블리에서 2017년에 발행한 〈수평적 조직문화 파헤치기〉 리포트를 재밌게 봤던 경험이 있어서 망설임 없이 참여하기 버튼을 눌렀다. 조직문화에 경험이 많은 전문가는 도대체 무슨 이야기를 할까 궁금했다.

트레바리 첫 모임에서 머릿속에서 서너 개의 전구가 동시에 켜지는 기분을 느꼈다. 그날 에드거 샤인의 조직문화 이론, 로버트 퀸Robert Quinn의 경쟁 가치 모형 같은 단어들을 처음 들었다. 평소에 막연하게 느꼈던 것들을 명확한 단어와 구조를 가지고 설명할 수 있다는 것에 한 번 놀랐고, 이렇게 현상을 명쾌하게 설명하는 이론이 있는데도 여태껏 모르고 있었던 나 자신의 무지함에 두 번 놀랐다. 내가 평소에 궁금했던 것들을 똑똑한 사람들이 이미 연구하고 분석해 놓았구나, 그날 깨달았다.

그 뒤로 조직문화와 관련한 책들을 열심히 보기 시작했다. 평소에 느꼈던 문제점을 대신 말해주는 책을 발견할 때는 '거봐 내 말이 맞지?'라는 통쾌함을 느꼈고, 표면적으로만 바라

봤던 현상을 더 깊게 파고 들어가는 책을 발견하면 형광펜으로 밑줄을 쳐가며 고개를 끄덕거렸다. 조직문화 공부는 현실과 동떨어진 공부가 아니어서 재밌었다. 출근해서 하루에 8시간 이상을 보내는 회사에 관한 공부이자, 그 안에서 벌어지는 수많은 장면에 주석을 달아주는 공부였다. 조직문화에 대한 이해도가 높아질수록 눈에 보이지 않는 문화적 맥락이 더 뚜렷하게 보이는 기분이었다. 나중에는 친한 동료들이 회사에서 겪은 일에 대해 고민을 털어놓으면 왜 그런 일이 발생했는지 문화적 맥락에서 설명할 수 있는 정도가 되었다.

책을 읽고 관련된 자료를 찾아볼수록 전에는 설명할 수 없던 것들에 대해 자신있게 답할 수 있게 되었다. 설명할 수 있는 언어를 가지는 것은 자신이 하는 일의 방향성에 대해 확신을 가질 수 있다는 것과 같은 말이었다. 처음 조직문화 담당자가 되었을 때는 물에 빠져 허우적거리는 느낌이었다면, 이제는 저 멀리 보이는 목적지를 향해 스스로 팔을 저어서 가는 느낌이 든다. 힘든 건 둘 다 마찬가지이지만 후자는 힘들더라도 조금씩 나아가는 느낌이었다. 공부를 하면 할 수록 목적지가 명확해지는 감각이 좋았다.

만약 누군가 왜 공부를 해야 하냐고 묻는다면 "자신을 위해서"라고 답하겠다. 스스로 좀 더 유능해지는 느낌을 한 번쯤은 느껴 보라고 이야기하고 싶다. 이왕이면 마구잡이로 스윙을

해서 안타를 치는 것 보다, 우아한 궤적의 스윙으로 안타를 치면 더 좋지 않을까? 공부한 내용을 바탕으로 세운 가설이 현실에서 맞아떨어지면 그 자체로 묘한 쾌감이 있다. 그 즐거움을 많은 사람이 느껴봤으면 하는 게 개인적인 바람이다.

2부

조직문화 담당자는
무엇을 하는 사람인가

회사에서 어떤 이름으로
불리고 있나요?

조직문화 담당자라는 용어에 담긴 오해와 진실

회사에서 조직문화 담당자로 불린 지 꽤 오래되었고, 어디 가서도 "조직문화 담당자입니다"라고 소개하는 경우가 많다. 그렇다고 조직문화 담당자라는 용어를 좋아하는 건 아니다. 처음 듣는 상대방이 이해하기 좋고 군이 추가로 설명할 필요가 없다는, 지극히 현실적인 이유로 조직문화 담당자라는 용어를 사용할 뿐이다(이 책에서도 동일한 이유로 조직문화 담당자라는 표현을 사용하고 있다). 오히려 일을 하면서 조직문화 담당자라는 이름이 조직 내 역할을 제한한다는 느낌을 받을 때가 많다. 사실 '조직문화 담당자'라는 용어 자체에 조직문화에 대한 오해가 담겨 있다.

조직문화 담당자라는 표현에 담긴 오해

첫 번째 생각해 볼 문제는 '조직문화 담당자라는 말이 성립하는가?'이다. 엄격히 따지면 마케팅 담당자, 재무 담당자는 성립하지만 조직문화 담당자는 성립하지 않는다. 회사의 마케팅, 재무 업무는 몇 명의 담당자가 책임지고 업무를 하면 일이 돌아간다. 하지만 조직문화는 몇 명의 담당자가 각종 프로그램을 기획하고 운영해도 '그것만으로는' 형성되지도, 변화하지도 않는다. 리더를 포함한 조직 구성원 전원이 노력해야 조직문화가 만들어진다.

조직문화 담당자는 조직문화 관련 업무를 전담하는 인력을 뜻하는 용어가 아니라, 조직 구성원 전원을 지칭하는 말이 되어야 한다. '조직문화는 조직에 속한 구성원 전원이 만든다'는 생각이 자리 잡힌다면 지금과 같이 조직문화 업무 전담 인력을 뜻하는 의미로서의 조직문화 담당자라는 용어는 사용될 수 없다. '우리 회사의 조직문화 담당자는 한두 명이 아닌 구성원 전원입니다'가 상식으로 자리 잡혀야 한다.

두 번째는 조직문화 담당자라는 용어가 풍기는 뉘앙스다. 담당자라는 용어를 사용함으로써 정작 조직문화 관리에 가장 큰 신경을 써야 할 사람들이 자신의 역할을 자각하지 못한다. 바로 조직문화 형성에 가장 큰 영향을 주는 회사의 대표와 리더들이다.

　조직문화 형성에 있어 회사 대표와 리더의 중요성은 몇 번을 말해도 부족하다. 솔직히 말하면 조직문화 담당자 한 명이 조직문화 형성에 줄 수 있는 영향력보다 리더의 역할을 수행하는 팀장, 임원, 대표가 줄 수 있는 영향력이 훨씬 크다. 팀장은 팀 문화에, 임원은 자신이 이끄는 조직의 문화에, 대표는 자신이 이끄는 회사의 문화에 직접적인 영향을 준다. 하지만 '조직문화 담당자'라는 타이틀의 직무가 회사에 존재함으로써 '조직문화 관리는 내 일이 아니야'라는 잘못된 인식이 리더들에게 암묵적으로 생성되도록 만든다. '조직문화 담당자, 전담 팀이 존재하는 회사치고 조직문화가 좋은 곳이 없다'라는 업계의 씁쓸한 농담은 이런 현실을 반영한다.

　개인적으로 조직문화는 왕이 나라를 이끌기 위해 익혀야 하는 학문을 뜻하는 '제왕학帝王學'과 같다고 생각한다. 조직을 이끄는 리더 역할을 수행하는 사람이라면 조직문화는 상식처럼 알아야 하는 분야다. 리더와 조직문화가 만났을 때의 시너지는 정말 어마어마하다. 지금 회사에 조직문화에 대한 이해도가 탁월하게 높은 리더가 있는데 그 조직은 사무실 공기부터 다르다. 성과는? 당연히 압도적이다. 글로벌 경쟁사가 선점한 시장에 후발주자로 뛰어들어 몇 년 만에 점유율 50%를 달성하는 기적 같은 성과를 만들었다. 그 리더를 인터뷰했을 때 들었던 첫 마디, "제 성과의 비결은 조직문화입니다"는 아직도 잊히지 않는다.

조직문화 담당자 대신 어떤 표현이 적합할까?

그렇다면 조직문화 담당자 대신 어떤 표현이 적합할까? 가장 먼저 떠오르는 단어는 '토스'를 서비스하는 비바리퍼블리카, '오늘의 집'을 서비스하는 버킷플레이스에서 사용하는 컬처 에반젤리스트Culture Evangelist라는 용어다. 에반젤리스트를 사전에서 찾아보면 '전도사'라고 나오는데, 컬처 에반젤리스트는 '우리 조직의 문화를 앞장서서 전파하는 사람' 정도의 의미다. 조직문화 담당자라는 표현보다는 의미상으로는 조직문화 전담 인력의 역할을 잘 표현한 단어다. 다만 에반젤리스트라는 단어가 낯설다 보니 직관적으로 어떤 일을 하는 사람인지 감이 안 온다는 단점이 있다.

다른 표현으로는 컬처 매니저Culture manager가 있다. 최근에 HR 조직을 피플&컬처People&Culture 팀으로 부르면서 조직문화 관련 업무를 전담하는 인력을 컬처 매니저라고 부르는 경우다. 컬처 에반젤리스트 보다는 직관적이지만 정확히 어떤 역할을 하는지를 담고 있는 이름은 아니라 아쉬움이 있다.

조직문화 전담 인력을 어떤 이름으로 부를지에 대한 정답은 없다. 다만 한 번쯤 반드시 고민해 봐야 하는 문제라고 생각한다. 어떤 명칭으로 조직문화 전담 인력을 부르고 있는지가 곧 그 회사의 조직문화에 대한 이해도를 보여 주는 것이니까. 조직문화 전담 인력이 좋은 이름을 찾았을 때 비로소 조직에서 더 좋은 활약을 할 수 있다.

조직 내 자신의 역할
명확하게 인식하기

조직문화 담당자의 역할을 바라보는 세 가지 관점

조직문화를 전담하는 팀이나 담당자를 두는 회사가 늘어나고 있다. 인사관리협회에서 주관하는 세미나에 사례 발표를 한 적이 있었는데, 이제 막 조직문화 업무를 맡았거나 업무를 시작한 지 2년이 채 되지 않은 분들을 다수 만날 수 있었다. 채용 공고를 살펴봐도 조직문화 담당자를 뽑는 기업을 예전보다 쉽게 찾을 수 있다.

그런데 여러 회사 담당자를 만나서 이야기해 보면 회사마다 조직문화 담당자에게 기대하는 역할이 천차만별이다. '조직문화 담당'이라는 직무가 생겨난 역사가 짧아서 그런 것인지 마케팅, 영업, 재무처럼 역사가 오래된 직무에 비해 아직 역할이 뚜렷하게 정립되지 않았다고 느낀다.

물론 조직문화 자체가 여러 복합적인 요인에 의해 만들어진 결과물이다 보니 조직문화 담당자의 역할을 뚜렷하게 정의하는 것 자체가 쉽지 않다. 그럼에도 불구하고 조직문화 담당자의 역할에 대해서 한 번은 짚고 넘어가야 할 필요성을 느낀다. 자신이 조직에서 어떤 역할을 해야 하는지 선명하게 인식하는 것만으로도 담당자로서 보다 나은 퍼포먼스를 보일 수 있다고 믿기 때문이다. 지금까지 조직문화 담당자로 일하며 보고 느낀 것들을 토대로 조직문화 담당자의 역할을 정의해보려 한다.

1
조직문화 담당자 = 조직 활성화 담당자

조직문화 담당자의 역할을 각종 행사, 이벤트 기획으로 보는 관점이다. 이런 관점을 가진 회사에서는 구성원 생일 챙기기, 가족 초대 행사 같은 다양한 이벤트성 업무가 조직문화 담당자의 주된 일이 된다. '조직 내 긍정적이고 밝은 분위기 만들기' 같은 다소 추상적인 목표가 팀 목표가 된다.

처음 부서에 온 다음 내가 했던 일들도 대부분 이벤트성 업무였다. 사내 체육 대회를 열거나 음악 공연팀을 섭외해 문화의 날을 운영했다(지금은 전부 하지 않는다). 심한 경우 행사 기획이 팀 업무의 전부인 조직문화 팀을 본 적도 있다. 매월 행사가 기획되어 있어 3월이 되면 자녀를 대상으로 선물을 발송하고, 4월에는 봄맞이 사진 콘테스트를 열고, 5월에는 사내 요리 대회를 개최하는 식이다.

그런데 조직 활성화를 조직문화 담당자의 역할로 바라보는 관점에는 큰 결점이 있다. 바로 이벤트만으로는 조직문화를 바꾸지 못한다는 것이다. 처음 부서 배치를 받고 1년간 각종 행사를 진행하며 머릿속에서 끊임없이 떠올랐던 의문은 '이거 하면 조직문화가 좋아지나?'였다. 아무리 고민해도 각종 이벤트와 조직문화 변화의 관련성을 찾을 수 없었다.

이벤트를 하고 선물을 안겨 주면 조직 분위기가 잠시 좋아질 수 있다. 하지만 그때뿐이다. 구성원이 조직에서 불편함을 느끼는 지점Pain point에는 아무런 영향도 끼치지 못한다. 이런 이벤트는 일시적인 마취에 가깝다. 마취가 풀리면 아무것도 변하지 않은 현실로 돌아오고 불만은 계속해서 쌓여간다. 가슴에 손을 얹고 생각해보자. 구성원들이 조직문화 개선을 요구하는 것이 과연 이런 이벤트를 안 해줘서인지.

오늘도 어디선가 열심히 이벤트 아이디어를 짜내고 있을 담당자에게는 미안하지만, 조직 활성화를 조직문화 담당자 역할의 '전부'로 보는 관점은 조직문화 담당자의 역할에 관한 대표적인 오해라고 생각한다. 때로는 이벤트로 조직 분위기를 유연하게 만드는 활동도 필요하지만 많이 잡아야 조직문화 팀 전체 업무의 30%를 넘으면 안 된다고 생각한다.

2
조직문화 담당자 = 조직문화 관련 제도 기획/운영자

조직문화와 관련된 다양한 제도, 프로그램을 설계하고 운영하는 역할이다. 회사의 성장 단계, 규모에 따라 하는 일이 정말 다채롭다. 조직문화 팀들이 주로 하는 업무를 예로 들어 보면 다음과 같다.

- 회사의 지향점, 가치, 일하는 방식을 설정하고 명문화하는 일
  ex) 비전/핵심 가치 정립, 컬처덱Culture Deck 작성, OOO Way 작성, 일하는 방법 정립

- 전사 소통 프로그램 기획/운영
  ex) 타운홀 미팅, 1 on 1 활성화, 사내 소통 채널 운영, CA(Change Agent) 운영

- 회사가 지향하는 특정 문화를 내재화하기 위한 제도 설계
  ex) 수평 문화 도입을 위한 호칭 제도 개선, 극단적 솔직함을 위한 피드백 문화 도입, 성장 문화 도입 위한 프로그램 기획

- **조직문화 내재화 활동**

  ex) 핵심 가치 실천인 인터뷰, 조직문화 우수 사례 발굴 및 전파, 각종 캠페인 실시

- **일하는 방식 개선**

  ex) 보고/회의 문화 개선

- **조직문화 관련 각종 설문 및 조사**

  ex) 조직문화 진단, 조직 건강도 측정

군이 비교하자면 앞에서 말한 조직 활성화 담당자보다는 조금 더 조직문화 담당자의 역할에 대해 발전된 관점이다. 우리 팀의 역할도 과거에는 조직 활성화 담당이었지만 최근에는 조직문화 관련 제도 기획/운영으로 변화하고 있다.

다만 이런 역할에도 맹점은 있다. 열심히 각종 제도, 프로그램을 도입했는데 구성원들은 정작 변화를 체감하지 못하는 경우이다. 예를 들어 수평 문화를 만든다고 호칭 제도를 바꿨는데 호칭만 바뀌었을 뿐 여전히 위계 문화가 유지되거나, 일하는 방식을 속도와 실행 중심으로 바꾸겠다고 선포해 놓고 현실에서는 여전히 보고서만 죽어라 쓰다가 실행 시기를 놓치는 식이다. 에드거 샤인의 조직문화 정의를 활용하면 '빙하의 표면에 있는 인공물만 바꾸는 것이 아니라, 문화의 근간이

되는 기본 가정까지 바꿨는가?'의 문제이다.

솔직히 이 질문 앞에 서면 어디론가 숨고 싶다. 지금까지 해왔던 활동으로 기본 가정 변화에 '어느 정도'는 영향을 주었다고, 자신 있게 말할 수 있다. 하지만 그 변화가 구성원이 체감할 수 있는 수준인지, 정말 기본 가정까지 바꾸었는지 스스로에게 물었을 때 자신 있게 "Yes"라고 대답하기 어렵다. 새로운 프로그램을 기획하고 실행할 때 기본 가정 변화까지 고려해서 의도한 결과를 만들어 내는 조직문화 담당자는 정말 귀하다. 이 정도로만 일해도 조직문화 담당자로서 정말 일 잘한다고 생각한다.

3
조직문화 담당자 = 조직 역동 관리자

CEO와 같은 눈높이에서 회사 전체의 조직문화를 조망하고 관리하는 역할이다. 이런 역할을 부여받으면 통상적으로 생각하는 담당자, 실무자의 역할과 권한을 뛰어넘게 된다. 앞서 말한 조직문화 관련 제도 기획/운영은 기본이고 조직문화에 영향을 주는 조직 전반의 활동에 관여하게 된다.

통상적으로 HRM의 영역으로 평가받는 평가 제도 수립에 참여하거나, 감사 기관처럼 조직문화에 적합한 행동을 하지 않는 리더나 구성원에게 따로 피드백을 주기도 한다. 회사가 추구하는 조직문화에 위배되는 행동을 하는 리더에게 인사적인 영향을 주는 담당자를 본 적도 있다. 단순히 제도 기획/운영만 하는 것이 아니라 조직이 지향하는 목표에 부합하는 조직문화를 설정하고 이를 조직 곳곳에 스며들도록 전방위적으로 활동하는 단계다.

통상적인 담당자보다 조직문화 담당자에게 더 많은 권한이 주어져야만 하는 이유는 조직문화의 속성 때문이다. 채용, 승진, 보상, 평가는 물론이고, 조직 내 리더의 말과 행동 하나하나가 조직문화를 만들고 강화한다. 이 모든 걸 관리하기 위해서는 흔히 생각하는 담당자 역할에 머물러서는 안 된다. '원래는 CEO가 해야 할 일을 혼자서 할 수 없으니 조직문화 담당자에게 CEO가 본인의 권한을 위임하여 조직문화 전반을 관리한다'는 접근이 맞다고 본다. 그러니 CEO에 준하는 막강한 권한을 부여해야 하고, 당연히 CEO와 밀접한 관계를 맺으며 일해야 한다.

물론 조직문화 담당자로서 마지막 세 번째 단계의 역할을 수행하려면 개인의 역량이 뛰어나야 한다. 통상적인 HR의 업무 영역, 인사(HRM)/성장(HRD) 전반에 대한 이해는 기본이고, 조직의 목표와 전략에 대한 이해까지 뒷받침되어야 한다. 이 정도로 조직문화 업무를 수행하는 사람에게는 한정된 역할을 의미하는 '담당자'라는 호칭은 더 이상 적합하지 않다. 이들의 넓은 업무 범위와 역할을 표현할 수 있는 새로운 이름으로 불러야 한다.

한참을 고민하던 중 '조직 역동Organizational dynamics'이라는 단어를 떠올렸다. 조직문화는 조직 내에서 이뤄지는 모든 활동에 영향을 주기도 하고, 동시에 모든 활동의 결과물로서 만들어지기도 한다(닭/달걀 논쟁처럼 무엇이 먼저인지는 정확히 모르겠다). 그런 점에서 조직문화를 관리한다는 것은 곧 조직 내에서 벌어지는 다양한 상호작용(조직 역동)을 관리한다는 뜻이기도 하다. 제한적인 역할을 뜻하는 '조직문화 담당자'라는 이름보다는 포괄적이고 광범위한 역할을 의미하는 '조직 역동 관리자Organizational dynamics manager'라는 이름이 조직문화를 다루는 직무에는 더 적합하다고 생각한다.

내가 생각하는 조직문화 전문가의 이상적인 모습은 조직에서 벌어지는 구성원 간의 모든 상호 작용을 바람직한 방향으로 이끌고 구성원과 조직이 성장할 수 있는 토양을 만드는 사람이다. 그리고 이를 지원하는 제도를 기획함으로써 궁극적으로는 조직의 목표 달성에 기여하는 경영 전략의 핵심으로서 역할을 수행해야 한다. 어렵지만 조직문화 업무를 하는 사람으로서 궁극적으로 가야 하는 길은 조직 역동 관리자라고 생각한다.

선수보다 운동장이
더 중요하다

조직문화 업무를 잘하기 위해 필요한 전제 조건

　조직문화 업무가 어려운 건 조직문화 전담 인력의 개인 역량이 아무리 뛰어나도 자신이 속한 조직의 여건에 따라 발휘할 수 있는 퍼포먼스가 다르기 때문이다. A회사에서는 화려한 성과를 자랑하던 조직문화 담당자가 B회사에서는 별다른 성과를 내지 못하는 상황도 충분히 발생할 수 있다. 어떤 조건들이 충족될 때 조직문화 담당자가 역량을 발휘하여 회사의 조직문화를 더 나은 방향으로 이끌고 갈 수 있을까?

조직문화 담당자가 일을 잘하기 위해
필요한 핵심 조건 두 가지

첫 번째는 'CEO가 조직문화 관리를 자신의 일이라고 생각하는가?'이다. 회사의 대표는 조직문화의 창조자이자 수호자로서 조직문화에 절대적인 영향력을 발휘한다. 대표 개인의 기질과 성격, 본인이 가진 인간에 대한 가정, 추구하는 일하는 방식, 세상을 바라보는 관점에 따라 다르게 형성되는 것이 조직문화다.

이런 원리를 인지한다면 원래 조직문화 관리는 대표의 일이 되어야 한다. 하지만 현실적으로 대표가 조직문화 관련 실무를 모두 수행할 수는 없기에 조직문화 전담팀이나 담당자를 두는 것이다. 대표가 앞에서 조직문화를 이끌고 조직문화 팀이나 담당자가 이를 전파하고 강화하는 그림이 맞다고 생각한다.

하지만 아쉽게도 많은 회사의 리더들이 '조직문화＝대표의 일'이 아닌 '조직문화＝조직문화 팀'의 일이라는 생각으로 뒷짐지고 지켜본다. 조직문화를 형성하고 이끌어야 할 대표가 이런 태도를 취한다면 조직문화 담당자의 역량이 아무리 뛰어나도 발휘할 수 있는 퍼포먼스의 한계가 명확해진다. 한 회사의 대표는 조직문화 형성의 객체가 아닌 주체가 되어야 한다.

두 번째는 '구성원들이 조직문화는 함께 만들어가는 것이라는 인식을 가지고 있는가?'이다. 구성원이 느끼는 조직문화는 리더의 말과 행동도 있지만 바로 옆자리 동료가 하는 말과 행동이기도 하다. 조직문화를 형성하는 강력한 주체는 조직의 리더이지만, 그에 못지않게 조직의 구성원들도 조직문화에 영향을 준다. 잘못된 채용으로 문화 적합도_{Culture fit}가 맞지 않는 사람이 조직에 유입됐을 때 조직문화가 흔들리는 경우가 이를 반증한다.

조직문화를 좋게 만든다는 것은 모든 구성원이 함께 노력해야만 가능한 일이다. 현실적으로 조직문화 팀이 A부터 Z까지 다 해줄 수는 없다. 조직문화 팀이 큰 방향성과 구체적인 솔루션을 제시하면 그걸 조직에서 실천하는 역할은 구성원들이 해야 한다. 이게 가능하려면 '조직문화는 조직문화 팀의 일이 아니라, 우리 모두가 함께 만드는 것'이라는 인식이 있어야만 한다.

이상적인 이야기지만, 이러한 인식이 구성원들 사이에 강하게 자리 잡히면 조직문화 팀이 필요 없을 수도 있다. 조직문화에 대한 구성원의 관심과 실천을 바탕으로 지속적으로 발전하는 조직이 있다면, 이보다 바람직한 모습이 있을까. 외부 사례 발표 자리에서 "우리 팀의 목표는 조직문화 팀이 필요 없는 회사를 만드는 것입니다"라고 말하는 타 회사의 조직문화 팀을 본 적이 있다. 그 팀은 아마도 구성원들이 자생적으로 조직문화를 가꾸어 가는 이상적인 회사의 모습을 그리며 팀을 없애는 목표를 세웠을 것이다.

반대로 '조직문화는 조직문화 팀의 일이니까 그들이 알아서 하겠지'라는 인식이 팽배해지면 조직문화 팀이 조직 내에서 고립되는 상황이 발생한다. 앞서 말한 리더의 지원이라도 있다면 다행이지만 그마저 없다면 위아래로 지원을 모두 받지 못하는 최악의 상황에 처하게 된다. 이 상황만큼은 최대한 피해야 한다.

조직문화 관리는 탑다운인가, 바텀업인가

여기까지 글을 읽고 나면 자칫 무력감에 빠질지도 모르겠다. 결국 조직문화 변화의 방법은 탑다운Top down, 바텀업Bottom up 둘 중에 하나인데 조직문화 팀은 제 역할이 없는 것 아니냐는 근본적 물음에 빠질 수 있기 때문이다.

내가 믿는 건 조금 다른 관점이다. 조직문화 담당자가 조직의 문화를 100% 바꿀 수는 없지만 최소한 대표 혹은 구성원에게 자극은 줄 수 있다는 미들업Middle Up, 미들다운Middle Down이다.[1] 만약 리더가 조직문화에 관심이 없다면 관심을 가지게 만드는 것부터 시작하면 된다. 조직문화 진단이나 구성원 인터뷰를 통해 현재 우리 조직의 문화를 알리고 개선 사항을 제안할 수 있다. 구성원들이 조직문화 변화의 주체가 자신들이라는 사실을 모른다면 일단 그것부터 깨닫게 하면 된다. 조직문화 팀의 역할이 아직 낮은 단계라면 더 높은 단계로 올라갈 수 있도록 새로운 일을 벌이고 끌고 나가면 된다.

자신이 속한 조직의 현재 상황에 맞게 최선의 선택을 하나씩 해 나간다면 절대적으로 좋은 문화까지는 몰라도 어제보다 더 나은 문화는 만들 수 있다. 열정 있는 담당자가 스스로 더 나은 문화를 만들 수 있다고 믿는 것에서부터 조직문화 변화가 시작된다.

철저히 현실에서 시작하자

조직문화 업무를 맡고 나서 한동안 이상한 사명감에 차 있었다. '우리 회사의 조직문화는 이런이런 문제점이 있으니 내가 바꾸고야 말겠어'라는 생각이었다. 문화가 생겨난 이유와 배경은 고려 대상이 아니었다. '이것도 잘못됐고, 저것도 잘못됐어' 고쳐야 할 문제점만 눈에 크게 들어왔다. 급기야 '혼자서 열심히 하면 조직문화가 바뀔 거야'라는 착각으로 이어졌고, 누가 시키지 않아도 이것저것 많은 일을 벌였다.

지금 돌이켜 보면 담당자 한 명이 혼자 조직문화를 바꿀 수 있다는 발상 자체가 굉장히 오만한 생각이었다. 열심히 하겠다는 마음은 좋지만 조직문화의 속성을 전혀 고려하지 않았기 때문이다. 아마 팀 배치 초반에 의욕적으로 벌였던 일이 성과가 있어 이런 생각이 더욱 강해졌던 것 같다. 나름 야심차게 기획한 조직문화 진단이 경영진에게 좋은 평가를 받았고, 계획했던 후속 활동을 할 수 있었다. 조직문화 진단의 모든 과정을 주도했기에 '혼자서 해도 뭔가 되네'라는 착각을 했다. 하지만 엄밀히 말하면 내가 만든 결과물은 조직문화 진단 보고서를 잘 쓴 것이지 조직문화를 바꾼 것은 아니었다.

조직문화 담당자는 스스로 업무의 결과물을 만들 수 없는 사람이다. 내가 만든 콘텐츠, 영상, 프로그램이 결과물이 아니라, 그걸 통해 다른 사람의 생각, 말, 행동이 변화한 것이 진짜 결과물이다. 조직문화 담당자의 업무 결과물은 철저히 '간접적'이다. 성과의 발현이 내 손끝에서 이뤄지는 것이 아니라 타인의 손끝에서 이뤄진다. 아무리 내가 좋은 프로그램을 만든다 한들 다른 사람의 말과 행동이 변화하지 않으면 아무런 성과도 없는 것과 마찬가지다.

이런 현실을 인정해야만 업무를 잘할 수 있다. 조직문화 담당자 혼자서는 아무것도 할 수 없다. 담당자가 다른 구성원에게 일상적으로 발휘할 수 있는 영향력에 한계가 있기에 팀장, 실장, 임원, CEO라는 보다 영향력이 큰 존재들과 협업하고 그들을 움직이려고 노력해야 한다. 회사의 여러 구성원들에게는 다양한 수단을 통해 메시지를 전달하고, 그들을 회사가 원하는 방향에 맞게 행동하도록 유도해야 한다. 끊임없이 타인들을 움직여야 하기 때문에 조직문화 업무의 근본적인 속성 중 하나는 설득이라고 믿는다.

혼자서 조직을 바꾸겠다는 오만함은 시간이 지남에 따라 자연스럽게 사라졌다. 대신 철저히 현실적으로 접근했다. '조직문화에 관심도가 높은 임원들의 도움을 받아 그들의 조직에 확실한 성공 사례를 만들자. 그런 다음 그걸 다른 조직으로 퍼트리자' 어렸을 때 했던 세균전 게임처럼 하나의 색깔을 먼저 바꾼 다음 자연스럽게 주변의 색깔을 바꾸는 전략이었다. 이를 위해 나와 팀이 가진 영향력의 한계를 인정하고, 더 큰 영향력을 가진 조직의 임원들을 움직이는 쪽으로 방향을 바꾸었다. 몇몇 임원을 설득하는 데 성공했고, 그들 조직에 내가 생각했던 프로그램을 실행하니 정말 변화가 생겼다. 내가 생각한 방향이 틀리지 않았음이 증명되는 순간이었다.

이상은 높게 가지되 철저히 현실에 기반해서 업무에 접근하자. 의욕적인 것은 좋지만 의욕만 앞서서는 안 된다. 자신이 가진 힘과 영향력을 파악하고, 이를 최대한 활용할 수 있는 방향으로 접근해야 한다. 故 김대중 대통령의 '서생의 문제의식과 상인의 현실 감각'이라는 말을 좋아한다. 어떤 문제를 풀어갈 때는 학자처럼 분석하되 실제로 일을 할 때는 상인처럼 철저히 현실적으로 접근해야 한다는 말이다. 조직문화 업무도 다르지 않다. 조직 간의 파워 밸런스, 리더 간의 관계, 리더의 개인 특성 모두를 고려해 철저히 현실적이고 종합적으로 접근해야 한다. 그래야만 원하는 변화를 만들어낼 수 있다.

3부

실제로 어떤 일을
시도할 수 있을까?

조직문화의
토대부터 만들자

우리 조직의 기본 가정 탐구하기

    조직문화 담당자로 일하면서 '정말로 조직문화가 바뀐 게 맞아?'라는 질문 앞에 괴로워한 적이 여러 번이다. 각종 프로그램을 기획하고, 수많은 콘텐츠를 만들어서 조직에 배포하며 정신없이 일할수록 이따금 회의감이 들었다. 이렇게 해서 조직문화가 정말로 바뀌는 것인지 확신할 수 없었다. 아무리 일을 해도 조직문화의 핵심에는 닿지 못하는 느낌이랄까? 무엇보다 조직문화 담당자의 핵심 고객이라고 할 수 있는 사내 구성원들이 변화를 체감하지 못하는 것이 느껴졌다.

    나중에 에드거 샤인의 조직문화 이론을 접하고 나서야 내가 했던 일이 인공물Artifact 변화에만 초점을 맞춘 활동이었음을 알게 되었다. 아무리 인공물을 바꾸는 작업을 해도 근간이 되는 기본 가정까지 바꾸지 못하면 진정한 조직문화 변화가 이루어지지 않는다. 내가 주력해야 할 것은 인공물이 아닌 기본 가정 변화였다.

'조직문화 담당자로서 인공물이 아닌 기본 가정 변화에 초점을 맞춰야 한다'는 정답을 알게 되었지만 '실무적으로 기본 가정을 바꾸는 작업을 어떻게 할 것인가?'는 또 다른 차원의 문제였다. 책과 자료를 뒤져봐도 속 시원한 정답을 찾을 수 없었다. 그러던 중 온라인 채용 플랫폼 원티드에서 진행한 온라인 콘퍼런스 '조직문화가 지배한다'를 보던 중 '이거다!' 싶은 사례를 발견했다. 바로 포커스미디어코리아 이가은 부대표의 '스타트업 조직문화 101'이라는 주제의 발표였다.

인상적이었던 부분은 조직의 기본 가정을 탐구하고 조직이 나아가야 할 방향을 정리한 '이상 문화 정의하기'를 실무 단계에서 가장 첫번째로 진행했다는 점이다. 조직문화 업무를 할 때 기본 가정 탐구부터 진행했다고 말하는 사람을 발견한 건 그때가 처음이었다. 이후에 이가은 부대표에게 정식으로 인터뷰 요청을 해서 조직의 기본 가정을 어떻게 탐구했는지 직접 들어볼 수 있었다.

조직문화의 토대를 만드는 기본 가정 탐구

이가은 부대표가 포커스미디어코리아에 입사 이후 기본 가정 탐구에 주력했던 것은 이전 회사에서 일할 때 느꼈던 답답함 때문이었다.

"이전 제 직무는 커뮤니케이션 분야였어요. 대내외 커뮤니케이션을 담당했는데, 사내 홍보를 진행할 때 뭔가 아쉽다는 생각이 특히 많이 들었어요. 일은 열심히 하는데 실질적인 변화를 이뤄냈는지 확신이 서지 않았어요. 지나고 보니 제 업무들은 인공물을 변화시키는 것에만 집중되어 있었다는 걸 알게 됐죠."

이가은 부대표가 답답함을 느꼈던 맥락은 나와 비슷했다. 인공물 변화에만 초점을 맞추다 보니 실질적인 변화를 만들어내지 못했고, 이 부분에 많은 아쉬움을 느꼈다. 그래서 포커스미디어코리아에 합류할 때는 조직문화의 근간이 되는 기본 가정 탐구를 업무 초반에 시작했다. 창업 이념, 핵심 가치, 미션, 비전 등을 담은 문서 〈원칙〉을 만드는 작업을 통해서다.

주요 내용	#0. 창업 이념
	#1. 미션
	#2. 비전
	#3. 핵심 가치
	• 변화
	• 책임
	• 소통
	#4. 인재상
	• 공통역량
	#5. 행동 규범
	• 포커스미디어코리아 5Way
	#6. 리더십 원칙
	• 직책별 역할
	#7. 조직 운영 원칙
	• 수평 문화
	• 실패
	• 채용의 원칙
	• 육성의 원칙
	• PL제
	• 평가의 원칙
	• 보상의 원칙
	• 퇴사의 원칙

포커스미디어코리아 〈원칙〉의 목차

"〈원칙〉을 제작할 때 가장 중요하게 다룬 것이 하나 있어요. 일반적으로 조직 철학을 수립하고 문서화할 때의 접근은 미션, 비전, 핵심 가치, 행동 규범, 인재상을 설정하고 공유하는 것이에요. 여기에 더해서 우리가 가장 집중했던 것은 현 조직의 기본 가정을 탐색하는 것이었어요."

〈원칙〉을 만드는 과정에서 가장 중요했던 건 회사 C 레벨을 대상으로 진행한 워크숍이었다. 회사의 각 조직들을 이끌어가는 C레벨들의 기본 가정이 다르다면 회사의 각 조직들은 각자 다른 조직문화를 가지게 된다. 우리 회사가 하나의 문화를 가지려면 각 조직의 문화에 막강한 영향을 미치는 C레벨들의 기본 가정이 하나로 맞춰져야 한다. 이가은 부대표는 C레벨들 간의 기본 가정을 정렬하기 위해 C레벨을 대상으로 주 1회, 총 28차수의 워크숍을 진행한다.

"이 과정을 진행한 방식은 먼저 기본 가정에 관한 가이드 질문을 각 C레벨에게 전달 드리고, 이 질문에 대해서 본인의 관점이 담긴 답변을 쓰게 했어요. 그 다음 우리의 사업 전략 달성에 필요한 관점은 무엇인지도 쓰게 했어요. 그 다음 개인의 관점과 사업 전략 달성에 필요한 관점의 차이를 목격하고 우리는 어떤 합의점을 도출해 나갈 것인가 고민했어요."

특히 이 과정에서 이가은 부대표는 '자신이 생각하기에 편한 걸 기준으로 말하는 것이 아니라 우리 조직의 사업 전략을 성공적으로 수행하기 위해 어떤 것이 필요한지의 관점에서 말하자'고 강조함으로써 우리 조직이 가야할 미래 모습을 먼저 정의했다. 그 다음 나 자신을 들여다봄으로써 자신이 어떤 인간관을 가지고 있었고 이를 바탕으로 조직 구성원을 어떻게 관리했는지 살펴보는 시간을 가졌다.

기본 가정을 탐구하는 과정을 통해 〈원칙〉이 만들어진 다음에는 포커스미디어코리아에 여러 변화가 생겼다. 단적인 예로 신규 입사자와 티타임을 했을 때 1년 전 입사자가 했던 이야기와 최근 입사자들이 하는 이야기가 달라진다. 이런 변화를 보며 이가은 부대표는 '우리가 가고 있는 방향이 옳구나'라는 확신을 갖게 되었다고 한다. 포커스미디어코리아의 사례는 기본 가정 탐구를 바탕으로 한 공통의 규칙 수립과 이에 기반한 조직 운영이 조직문화 관리에 효과를 발휘한다는 걸 보여 준다.

조직문화를 바꾸는 시작점은 대화다

조직문화를 단번에 바꾸는 명쾌한 비결은 알지 못한다. 다만 변화의 시작점이 무엇인지는 안다. 조직을 이끄는 리더들이 서로 대화를 나누는 것이다. 포커스미디어코리아의 사례처럼 서로가 가지고 있는 인간관, 가치관을 끄집어 내서 함께 이야기를 나누고 우리 조직의 생존을 위해 어떤 가정은 유지하고, 어떤 가정은 폐기해야 하는지 논의하면 된다. 그 뒤에 합의한 기준을 바탕으로 일관되게 조직을 이끌고 나가면 된다.

물론 서로의 관점을 솔직하게 드러내는 과정이 쉽지는 않다. 자신의 취약성이 드러날 수밖에 없고 방어적인 태도를 취하는 게 더 자연스럽다. 이 작업은 자신의 밑바닥까지 드러내는 것이라 고통스러울 수밖에 없다.

결국 좋은 조직문화를 만드는 건 리더들이 얼마나 솔직하게 자신의 관점을 드러낼 수 있는지의 '개방성', 그리고 상대방의 피드백을 받아들여 자신의 관점을 바꾸는 '수용성', 이 모든 걸 실행할 수 있는 '용기'의 문제다. 재무적인 지원이 필요한 일은 아니기에 마음만 먹으면 당장이라도 실행할 수 있지만 반대로 사람의 일이라 생각처럼 쉽게 되지 않을 수 있다. 조직문화 관리는 그래서 어렵다면 어렵고, 쉽다면 또 쉬운 일이다. 어떤 선택을 할지는 온전히 각 조직을 이끄는 리더들의 몫이다.*

● 포커스미디어코리아 이가은 부대표 인터뷰 전문은 173쪽 부록에서 볼 수 있다.

조직문화는
채용에서 시작된다

채용 프로세스 참여하기

조직문화 담당자가 채용에 관여해야 한다고 말하면 의아할 수도 있다. 보통은 조직문화 담당자와 별개로 채용을 전담하는 인력이 있기 때문이다. 특히 요즘은 채용의 중요성이 커지면서 조직 내 채용 전담 인력을 늘리는 추세다. 이런 상황에서 조직문화 담당자가 관여하지 않아도 채용 프로세스가 일단은 진행되기에 더욱더 조직문화 담당자가 채용에 개입할 필요는 없어 보인다.

그런데 채용이 조직문화에 주는 영향을 살펴보면 조직문화 담당자가 채용 과정에 개입해야 할 필요성이 생긴다. 벤자민 슈나이더Benjamin Schneider의 ASA 이론ASA Framework은 채용과 조직문화의 연관성을 잘 설명해준다. 해당 이론에 따르면 우리 회사의 문화에 맞는 사람만이 회사에 끌리고Attraction, 채용 과정을 통해 선발되며Selection, 맞지 않는 사람들은 회사를 떠나게 되기Attrition 때문이다. 이런 유인 – 선발 – 퇴출 과정을 거치면서 회사의 다양성은 심각하게 제한되고 결국은 일정한 유형의 조직문화가 유지된다.[1]

벤자민 슈나이더의 이론은 조직문화 형성에 있어 채용을 극단적으로 강조하는 이론이다. 어떤 유형의 사람들이 우리 회사를 지원할 것이며, 그 중에서 어떤 사람을 선발할 것인가에서 이미 조직문화의 대부분이 결정된다. 만약 채용 과정을 통해 우리 조직의 문화에 적합한 사람이 유입되지 않으면 조직문화 담당자가 아무리 각종 제도와 프로그램을 운영해도 효과를 발휘하지 못한다. 조직문화 담당자가 강물과 같은 조직문화를 만들려 해도 바닷물 같은 사람들이 들어오면 결국 그 조직의 문화는 짜디짠 바닷물이 될 수밖에 없는 이치다.

실제로 최근 많은 기업들이 면접 절차 중에 문화 적합도 Culture fit 면접을 도입한 것 역시 바로 이러한 이유 때문이다. 아무리 각 직무에 필요한 경험과 역량을 가지고 있더라도 문화적인 적합도가 떨어지는 사람이 채용되면 조직에 부정적인 영향을 주거나 본인도 힘들어서 결국은 금세 이탈할 수밖에 없기 때문이다.

채용 프로세스에서 무엇을 할 수 있을까

문제는 항상 그렇듯 '무엇을 어떻게 할 수 있는가?'이다. 구체적인 방법론에 대해서는 민병철교육그룹(BCM)에서 채용을 담당하고 있는 전아름 리드에게 조언을 구했다. 전아름 리드는 채용이 전문 분야지만 조직문화에 대한 관심도와 이해도가 웬만한 조직문화 담당자 못지 않다. 전아름 리드의 실제 경험을 토대로 조직문화 담당자가 채용에 어떻게 관여할 수 있는지 들어보았다.

"최근 채용 트렌드에서는 채용 공고에 무조건 EVP*를 녹이는 편이에요. 특히, 물질적인 보상이 적은 회사일수록 보이지 않는 무형의 가치를 더 많이 담으려고 노력해요. 최근에는 조직문화의 중요성이 부각되면서 많은 기업들이 채용 공고에 자신들의 조직문화를 소개하고 있습니다."

가장 먼저 조직문화 담당자가 관여할 수 있는 부분은 채용 공고다. 채용 공고는 미래의 회사 구성원과 회사가 직접적으로 만나는 접점이다. 채용 공고에 우리 조직이 고용주로서 구성원들에게 어떤 가치를 제공할 수 있는지, 어떤 조직문화를

● Employee Value Proposition(직원 가치 제안)의 약자로 고용주로서 조직이 구성원에게
제공하는 가치를 의미한다.

지향하고 있는지를 잘 담아야만 원하는 인재들이 회사에 지원하도록 할 수 있다. 조직문화 담당자는 채용 담당자와 외부에 조직문화를 보다 잘 알리려면 어떻게 해야 하는지 함께 논의할 수 있다.

"채용 브랜딩 측면에서도 관여할 수 있습니다. 채용 박람회, 콘퍼런스에서 다양한 영상, 기념품, 공간 등을 활용해 회사의 조직문화가 잘 전달될 수 있도록 신경을 씁니다. 대규모 채용 행사에서 조직문화 담당자와 행사장의 인테리어와 장표의 디자인까지 함께 고민하고 의견을 나눈 적도 있습니다."

인재 전쟁이라고 불릴 정도로 우수 인재 영입을 위한 각 기업들의 경쟁이 치열해지면서 채용 브랜딩에 신경 쓰는 회사가 늘어나고 있다. 기업 블로그, 유튜브 채널, 각종 콘퍼런스 등을 통해 우리 회사가 고용주로서 어떤 곳인지, 우리 회사에 입사하면 어떤 경험을 할 수 있는지 적극적으로 알리고 있다. 수많은 콘텐츠들이 우리회사의 문화를 공통되고 일관되게 알리고 있는지 관련 부서와 함께 논의하거나 회사별 상황에 따라 직접 업무를 기획해 볼 수도 있다.

"면접 문제를 세팅하거나 면접관 선발과 배치에도 적극적으로 관여할 수 있습니다. 1차 면접이 실무진 면접이라고 해서 면접 질문이 100% 실무와 연관된 질문일 수는 없고, 실무 관련 질문이라고 하더라도 핵심 가치 위에 문항들이 설계되기 때문에 조직문화 담당자가 적극적으로 개입하게 됩니다. 민병철교육그룹의 경우 CCO Chief Culture Officer (최고문화책임자)가 채용 담당자와 함께 면접관 배치를 포함한 채용의 의사 결정을 함께 고민하고 있습니다.”

채용 과정에 면접관으로 참여하거나 면접 문항을 세팅하는 등 보다 직접적인 방식으로 개입하는 방법도 있다. 면접 과정을 통해서는 실무 역량뿐만 아니라 지원자가 현업에서 직면한 문제를 어떻게 풀어가는지, 우리 조직에 와서도 잘 적응하고 높은 성과를 낼 수 있는 사람인지 폭넓게 검증하게 된다. 이때 기준이 되는 것이 핵심 가치를 포함한 조직문화다. 회사에서 조직문화에 대한 이해도가 가장 높은 사람들이 바로 조직문화 담당자들이기 때문에 면접에 참여해서 중심을 잡는 역할로서 활약할 수 있다.

조직문화에서 채용은 더욱 중요하게 다뤄져야 한다

ASA 이론을 다시 한번 살펴보면 교육이나 조직문화 프로그램의 중요성을 강조하는 내용이 없다. ASA 이론을 극단적으로 해석하면 '우리 조직에 잘 맞는 사람을 뽑고, 맞지 않는 사람을 내보내면, 별도의 조직문화 관련 프로그램이나 교육을 운영하지 않아도 원하는 조직문화를 일정하게 유지할 수 있다'는 뜻이다. 다소 극단적인 해석이라고 치더라도 조직문화에 있어 채용의 중요성은 몇 번을 강조해도 지나치지 않다. 오히려 그 중요성에 비해서는 채용이 조직문화를 관리하기 위한 수많은 활동들 중에 덜 강조된 감이 있다.

'우리 조직의 문화에 맞는 사람을 얼마나 빠르게, 많이 확보할 수 있는가?'는 앞으로 많은 조직들의 숙제가 될 예정이다. 우리 회사 문화에 잘 맞는 사람들이 조직에 유입되었을 때 별다른 잡음없이 빠르게 적응하고 회사가 가고자 하는 방향으로 함께 나아갈 수 있기 때문이다. 그런 관점에서 회사의 조직문화를 가장 잘 이해하고 있는 조직문화 담당자들이 채용 영역에서 할 수 있는 일들이 지금보다 훨씬 많아지지 않을까 예상해 본다.

리더를 빼놓고
조직문화를 관리할 수 없다

리더십 변화 관리하기

조직문화 진단 프로젝트를 수행하면서 회사 내 여러 조직을 방문할 기회가 있었다. 덕분에 여러 조직을 관찰하고 임원급의 리더들을 인터뷰하는 귀한 기회를 얻을 수 있었다. 몇 개월 간의 프로젝트 뒤에 깨달은 것은 두 가지였다.

> 1. 회사에 하나의 조직문화가 존재한다는 믿음은 환상이다.
> 2. 조직문화에 가장 큰 영향을 주는 요인은 리더다.

같은 회사이고 동일한 시스템 위에서 움직이다 보니 각 조직별 문화의 큰 맥락은 같다. 하지만 조직마다 디테일이 달랐다. 예를 들어 보고라는 행위는 모든 조직이 공통적으로 하지만, 보고가 이루어지는 구체적인 양상이 제각기 달랐다.

A 조직은 보고서의 내용뿐만 아니라 보고서의 양식, 줄 간격까지 꼼꼼히 신경 써야 한다. 반면에 B 조직은 보고서에 핵심만 간단히 적으면 되고 양식은 크게 중요하지 않다. A 조직은 하나부터 열까지 모두 조직을 이끄는 리더에게 보고하고 조직장의 승인이 있어야만 일을 진행할 수 있다. B 조직은 핵심적인 내용만 조직장에게 보고하고 상대적으로 덜 중요한 내용은 실무자 선에서 판단해 결정할 수 있다.

중요한 건 같은 제도와 시스템 속에서 움직이는 하나의 회사 안에서 '왜 이런 조직문화의 차이가 발생하는가'이다. 내가 발견한 핵심 요인은 리더였다. 앞서 예로 들었던 A, B 조직의 문화가 다른 양상으로 나타나는 이유도 두 조직을 이끄는 리더의 성향 때문이었다. A 조직의 리더는 하나부터 열까지 모든 것을 자신이 통제하고 결정하고 싶어하는 반면에 B 조직의 리더는 실무자에게 적극적으로 권한을 위임하고, 본인은 조언하는 역할을 수행했다. A, B 조직의 문화는 각 조직을 이끄는 리더의 성향과 별반 다르지 않았다.

각 조직의 문화와 리더십의 관련성을 알게 되자 자연스럽게 조직문화 담당자로서 해야 할 일은 리더십 변화 관리라는 생각이 들었다. '회사 내 리더들이 더 좋은 리더십을 가지게

된다면 우리 회사의 문화도 좋아질 것이다'가 내가 내린 결론
이었다.

리더의 자기 인식을 돕는 사내 코칭

리더십 변화 관리는 결국 사람을 바꾸는 일이다. 하지만 사
람을 바꾼다는 건 말이 쉽지 굉장히 어렵다. 한국 콜마에서
조직문화를 담당했다가 지금은 HR DT TF를 이끄는 이성기
팀장은 이 어려운 일에 도전했다. 직접 리더십을 공부하고 코
칭을 배워서 조직 내 팀장급 리더들을 대상으로 '사내 코칭'
을 운영했다. 총 다섯 명의 리더들을 대상으로 주 1회 1시간
씩 8회의 만남을 가졌으며, 코칭은 약 두 달간 이어졌다.

"신규 조직이 생기고 신입 사원들이 들어오면서 리더가 필
요한 자리가 많아졌습니다. 이때 새롭게 리더가 된 분들은 조
직 내 중간 허리 역할을 하던 과장, 차장들로 준비 없이 리더
가 된 분들이 대부분이었습니다. 자신이 담당하는 조직의 실
적이 좋지 않거나 구성원과의 관계에 문제가 생기면 본인의
무능력 때문이라고 생각하고 자책하는 분들이 많았습니다."

실무자에게 요구되는 역량과 리더에게 요구되는 역량은 전
혀 다르다. 하지만 많은 조직에서는 여전히 '실무자 때 일을

잘했던 사람은 리더 역할도 잘 수행할 거야'라는 미신에 근거해서 리더 역할을 맡긴다. 많은 실무자들이 충분히 준비되지 않은 채로 리더 역할을 수행하다 보니 자연스럽게 시행착오를 겪게 된다. 이성기 팀장은 이런 리더들의 어려움을 줄이고자 리더십을 주제로 한 뉴스레터를 보내기 시작했고, 나중에는 더 많은 도움을 주기 위해 사내 코칭을 실시한다.

"총 다섯 명의 리더분과 신뢰 관계를 형성하는 것부터 시작했습니다. '자기 자신 드러내기(자신의 장단점을 주변에 묻기) – 구성원 장점 찾아보기 – 자기 기분 들여다보기'를 만날 때마다 한 단계씩 진행했고 동시에 조직 이슈, 개인 이슈를 균형 있게 선택해서 대화를 나누었습니다. 매주 코칭이 끝날 때는 가볍게 시도할 수 있는 한 개의 실행 과제를 리더 스스로 선택, 실행하게 해 자존감까지 회복할 수 있었습니다."

이성기 팀장은 코칭을 통해 리더들이 자신에 대해 더 이해할 수 있는 계기를 마련했다. 특히 조하리의 창Johari Window 모델을 활용하여 나는 알지만 타인은 모르는 자신에 대한 영역, 나는 모르지만 타인은 아는 자신에 대한 영역을 발전시킬 수 있도록 도왔다. 예를 들어 주변 가족, 친구, 회사 동료들에게 자신의 장단점을 묻는 간단한 숙제를 통해서 내가 생각하는 자신의 모습과 상대방이 바라보는 나의 모습에 간극이 있음을 깨닫게 하고, 자기 자신을 어떻게 발전시켜 나가야 하는지 스스로 인식하는 계기를 만든다.

"물론 단기간에 완벽하게 나아질 수는 없습니다. 하지만 이제는 구성원들이 리더들의 소통하려는 노력을 느끼고 전보다 리더에게 다가오고 있습니다. 리더들도 구성원들과 소통이 자연스러워졌다며 만족합니다. 요즘은 리더분들이 리더십 관련 도서를 틈틈이 읽는 변화도 생겼습니다."

코칭을 통해 나타난 가장 극적인 변화는 리더들이 보이지 않는 두려움을 극복하고 한 발 앞으로 나아갔다는 점이다. 많은 신입 리더들이 완벽해야 할 것 같은 부담감과 실수하면 안 된다는 두려움을 느낀다. 그리고 이런 부담감, 두려움 때문에 구성원들에게 쉽사리 다가가지 못한다. 하지만 코칭을 통해 리더들은 사람이라면 누구나 불완전하다는 점을 인정하게 되었고, 자신의 취약성을 구성원들에게 드러내게 됐다.

놀라운 점은 리더들이 자신의 취약성을 드러내자 구성원들은 리더가 들을 준비가 되어있다고 인식해서 본인들도 자신의 이야기를 적극적으로 꺼내게 되었다는 점이다. 자연스럽게 리더와 구성원의 관계는 깊어졌고 예전에는 리더와 구성원으로 나누어져 있던 조직이 하나의 단단한 팀이 되었다.

조직문화 관리는 리더십 변화 관리와 동의어다

한 회사의 조직문화는 결코 그 회사의 리더십 수준을 뛰어넘을 수 없다. 그만큼 리더십은 조직문화에 미치는 영향이 막대하다. 리더십이 조직문화에 미치는 영향을 생각했을 때 조직문화를 관리하겠다는 말은 리더십 변화 관리를 하겠다는 말과 같은 의미일 수밖에 없다. 조직문화 업무를 전담하는 팀 혹은 구성원이 조직 내 리더들과 어떤 관계를 맺고 어떻게 영향을 주고 있는지는 한번쯤 생각해 볼 문제다.

개인적으로는 사내 리더들과 조직문화 팀과의 '연결'이 중요하다고 생각한다. 물론 연결 방법은 회사별 상황에 따라 다양할 수 있다. 이성기 팀장의 사례처럼 코칭을 통해 보다 깊은 연결을 추구하는 방법도 있지만 가벼운 커피 타임을 통해 리더들과 약한 연결을 추구할 수도 있다. 중요한 건 리더들을 홀로 내버려 두지 않는 것이다. 리더도 사람이기에 조직 운영에 있어 다른 사람의 도움이 필요하다. 그럴 때 조직문화에 대한 이해도가 높은 조직문화 팀이 도움을 줄 수 있다면 리더와의 관계가 좋아지는 것은 물론이고, 전사 차원의 사내 리더십에도 좀 더 좋은 영향을 줄 수 있다.

문화는 일하는 프로세스를
타고 흐른다

회고 제도 운영하기

구성원들은 일상적인 업무를 하며 '우리 회사의 조직문화는 이렇구나'를 피부로 느낀다. 권한과 책임을 어떻게 분배하는지, 회의 상황에서 의견이 어떻게 교환되는지, 문제가 생겼을 때 어떻게 대처하는지와 같은 다양한 상황을 접하며 그 안에 담긴 문화적 코드를 학습한다. 최근 기업들이 'OO에서 일하는 방법'과 같이 '일'에 초점을 맞춰서 원칙을 뽑는 것도 일하는 방식이야말로 문화가 발현되는 결과물이기 때문이다.

그렇다면 일하는 방식에 어떻게 문화가 녹아들도록 할 수 있을까? 일하는 상황이 다양하다 보니 모든 경우의 수를 뽑고, 우리 조직의 문화적 기준에 맞춰 무엇이 옳고 그른지를 정의하는 것은 쉽지 않다. 대신 현실적인 다른 방법이 있다. 우리 조직이 일하는 방식을 끊임없이 점검하고 개선해서, 우리가 지향하는 문화에 맞는 방향으로 발전시켜 나가는 것이다. 이런 식으로 문제를 발견하고 개선하는 사이클을 반복하면 조직은 지속 발전하는 우상향 그래프를 그리게 된다.

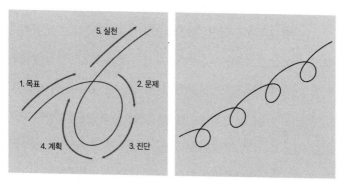

《원칙》의 저자 레이 달리오는 모든 유기체와 조직의 발전은 오른쪽 그림과 같아야 한다고 말한다.[2]

'회고回顧, retrospective'는 문제 발굴과 실행을 하나의 제도로 만든 것이다. 회고는 사전적 의미로 ① 뒤를 돌아다봄 ② 지나간 일을 돌이켜 생각함으로 정의되며, 애자일 방법론에서는 팀 단위의 업무 성찰 시간을 의미한다.[3] 회고를 진행함으로써 지금까지 했던 방식이 최선이었는지 되돌아보고 더 좋은 방법을 고민하게 된다. 실제로 업무 수행 후 자신을 평가하는 회고를 진행하면 성과가 향상된다는 연구 결과도 있다.[4]

돌아보기만 해도 해결할 수 있다

미용 의료 정보 플랫폼 '강남언니'를 서비스하는 기업 힐링 페이퍼는 정기적인 회고 제도를 운영한다. 주, 월 단위로 이뤄지는 정기적인 미팅이 끝나거나, 이터레이션(제품 조직의 한 싸이클로 보통 2주)이 종료되면 반드시 그 과정을 되돌아보는 회고 시간을 갖는다. 경영진도 회고 제도에 적극적으로 참여해 한 분기가 종료되면 그동안의 과정을 돌아보고, 구성원들과 일을 더 잘하기 위한 방법에 대한 액션 아이템을 뽑고 함께 실행한다. 강남언니에서 CTO를 거쳐 조직문화를 총괄하고 있는 김윤혁 님은 강남언니의 회고 제도가 철저히 필요에 의해 생겨났다고 말한다.

"처음 팀 리더들이 모이는 리더십 미팅이 생겼을 때였어요. 한 미팅에 열 명 넘는 사람들이 들어와서 저마다 하고 싶은 말만 하고, 논의는 길어지고… 정말 엉망이었어요. 저희가 유일하게 잘한 게 딱 하나 있었는데, 마지막에 꼭 회고를 했어요. 좋았던 점, 나빴던 점, 다음에 할 새로운 시도, 다음부터 지켜야 할 점을 함께 이야기했어요. 놀랍게도 3개월 정도 지난 뒤에는 두 시간을 해도 끝나지 않던 미팅이 한 시간만에 깔끔하게 정리됐어요."

회고의 핵심은 어떤 것을 잘했고, 어떤 점은 문제였는지 파악해서, 다음 번에 이를 고치기 위한 행동을 하는 것이다. 힐링 페이퍼는 KPT_{Keep-Problem-Try}라는 프레임을 활용해 실제로 회고를 진행한다. 이렇게 한 번의 회의가 끝난 다음 KPT가 작성되면, 다음 회의 때는 지난 회의 때 도출된 KPT를 회의록 상단에 붙여 놓고 다 함께 읽어본 다음 회의를 시작한다. 이를 통해 같은 문제를 반복하지 않고 더 나아진 회의를 할 수 있게 된다.

Keep	• 회의 시간 관리가 잘 되었음-타임키퍼가 논의 중이더라도 시간 언급 • 콘퍼런스 콜로 OOO 참석 • 유의미한 논의 내용의 증가 • 지난 회의 Follow up • PO 회의 시작 시간 11:00
Problem	• 공유 안건의 주제가 위아래로 너무 왔다갔다 한다 • 액션 아이템을 모아 두지 못함 • 원격 회의 가능하게 적절한 회의실 마이크가 필요-소리가 선명하지 않아 알아듣기 어려워 대화를 못함
Try	• 공유 안건도 위아래로 하나씩 논의 • 마이크 사용 • 모든 논의에서 타임키퍼 역할 • PO 회의 시작 전 회의록 작성

실제로 작성된 힐링페이퍼의 KPT 사례[5]

"회의가 끝나고 지쳐서 집에 가려고 하다가도 누군가 'KPT는 하고 가시죠'라고 하면 '그래 아무리 힘들어도 KPT는 하고 가야지'하면서 주섬주섬 가방을 내려놓아요. 회고를 하면 다음 회의가 좋아질 거라는 걸 이제는 모두가 알거든요. 회고의 효과를 몸으로 경험한 다음부터는 사람들이 뭔가를 하기만 하면 회고를 찾기 시작했어요."

힐링 페이퍼에서 회고 제도가 성공할 수 있었던 건 '돌아보기만 해도 해결할 수 있다'를 모든 사람이 인지했기 때문이다. CEO나 경영진이 강조하지 않아도 사람들이 자발적으로 회고 제도를 찾고 운영한다. 실제로 한동안 회고 제도가 중단된 시기가 있었는데 누군가 회고가 없어지는 것이 아쉽다고 이야기해서 다시 회고가 시작된 적도 있다.

"저희 회사의 인재상에는 '틀릴 수도 있다'는 생각을 가진 사람이 있습니다. 내가 익숙하게 하고 있는 방식도 상황에 따라 더 나아질 여지가 있음을 늘 염두에 두고 눈에 띄는 병목이나 단점을 개선해서 나아가는 자세를 중요시하는 거죠. 이렇게 해야 고이지 않고, 빠르게 변화하는 스타트업의 환경 속에서 계속해서 지금보다 더 나아질 수 있다고 믿고 있어요."

바둑 격언 중에, "승리한 대국의 복기는 '이기는 습관'을 만들고, 패배한 대국의 복기는 '이기는 준비'를 만든다"가 있다.[6] 성찰과 반성의 중요성을 강조한 말인데, 회고 제도도 이와 비슷하다. 틀릴 수도 있음을 가정하고 더 나아지기 위한 문제점을 찾아 해결하려 할 때 치열한 경쟁이 펼쳐지는 시장에서 승리하는 습관을 만들 수 있다.

성장과 발전을 위해서는 회고가 필요하다

세상에 완벽한 조직은 없다. 외부에서 봤을 때 완벽해 보이는 조직도 막상 내부에서 일하면 각종 문제가 끊임없이 발생한다. 중요한 것은 문제를 다루는 태도와 방법이다. 문제 상황을 방치하고 같은 실수를 반복하면 '비효율의 숙달화' 현상이 발생하고 어느 순간부터 조직은 정체된다. 반면에 문제를 적극적으로 찾아내 해결하려 노력하면 과정은 고통스럽지만 조직은 계속해서 앞으로 나아간다.

영국의 철학자 존 스튜어트 밀John Stuart Mill은 말했다. "인간은 경험과 논의를 통해 잘못을 바로잡는다. 경험만으로는 부족하다. 경험의 의미를 해석하려면 논의가 반드시 필요하다."[7] 조직 차원에서 과거의 잘못을 함께 논의하고 바로잡는 과정이 바로 회고다. 반복적인 회고를 통해 문제를 하나씩 해결해 갈 때 조직은 성장한다. 세상에 완벽한 조직은 없지만 정체되는 조직과 발전하는 조직은 분명히 있다.

문화가 살아 숨쉬는
조직이 되자

우리만의 의례와 이야기 만들기

우리 조직이 나아가야 할 문화적 지향점을 설정하고, 리더들이 솔선수범해서 문화를 만들기 위해 노력한다면 우리의 문화를 더 많은 구성원들이 느낄 수 있게 퍼트리고 강화하는 과정이 필요하다. 이때 사용할 수 있는 효과적인 장치가 의례儀禮와 이야기Story다.

의도적으로 설계된 의례는 우리 조직의 문화를 단기간에 압축적으로 경험하게 한다. 대표적인 것이 일종의 통과 의례인 신입 사원 교육과 온보딩이다. 신입 사원 교육과 온보딩은 회사의 비전, 핵심 가치, 조직문화는 물론이고, 기업이 과거부터 어떤 선택을 통해 생존해왔는지 단기간에 구성원이 알 수 있게 구성되어 있다. 신입 사원 교육과 온보딩을 거치며 각 개인들은 새로운 조직의 문화적 기준을 학습하고, 지금 조직에서 허용되는 바람직한 행동과 그렇지 않은 행동을 학습하게 된다.

이야기는 명문화된 핵심 가치, 조직문화에 맥락을 덧붙인다. 많은 조직들이 자신들의 문화를 규범화해서 모두가 볼 수 있는 곳에 공개한다. 대체로 핵심적인 내용만 압축되어 있어서 세부적인 원칙이 어떤 맥락에서 적용되는지 알기 어렵다. 하지만 이야기가 더해지면 멀게만 느껴졌던 문화적 원칙들이 실제로 어떻게 적용되는지 알 수 있다. 예를 들어 거북선 그림이 있는 500원 지폐를 보여주며 우리는 이미 과거부터 잠재력이 있다고 설득해 조선소 건설에 필요한 외자를 확보한 故 정주영 회장의 스토리는, 현대 그룹의 도전 정신이 무엇인지 생생하게 느낄 수 있게 한다.[8]

조직문화를 생생하게 경험하게 만들자

광고 플랫폼 스타트업 버즈빌Buzzvil은 의례의 역할을 하는 사내 행사와 조직문화가 담긴 이야기를 잘 활용하는 기업이다. 버즈빌에서 EXEmployee eXperience 팀을 이끌고 있는 강정욱 매니저에게 버즈빌의 행사와 이야기에 관해 보다 자세한 이야기를 들어보았다.

"버즈빌에서는 행사를 운영할 때 의식적으로 핵심 가치를 보여 주려 해요. 버즈빌의 핵심 가치 중에는 자율과 소통이 있는데요. '자율'적으로 모인 컬처 커미티Culture Committee가 중심이 되어 핵심 가치를 새롭게 정의하는 핵심 가치 워크숍을 추진하거나, '소통'을 보여주기 위해서 모든 구성원들과 1:1 인터뷰 혹은 워크숍을 진행했던 것이 하나의 사례가 될 수 있을 것 같아요."

버즈빌은 매년 회사의 비전과 미션에 대해 이야기를 나누는 창립 기념일, 전사 구성원이 1년에 한 번 해외로 가서 즐거운 추억을 만드는 글로벌 워크숍, 1년을 되돌아보고 서로 고마웠던 이야기를 나누는 송년회를 운영한다. 리뉴얼된 컬처북과 미션북을 공개하는 2022년 창립 기념일처럼 보다 직접적으로 조직문화를 느낄 수 있는 기회를 만들기도 하고, 자율과 소통의 원칙을 담은 운영 방식을 통해서 간접적으로도 조직문화를 경험할 수 있게 한다.

"버즈빌에서는 인정과 칭찬의 문화를 중시해요. 이를 강화하기 위해 2018년 송년회부터는 버즈 땡스Buzz Thanks라는 프로그램을 운영했어요. 모든 구성원은 동료들에게 익명 혹은 기명으로 감사의 메시지를 남길 수 있고, 모든 메시지는 이벤트

당일에 메일로 전달되었어요. 구성원들에게 큰 힘이 되었다는 피드백을 받을 수 있었죠."●

대부분의 스타트업은 업무에 대한 몰입 수준이 높은 만큼 업무 강도도 높다. 자칫하면 빠르게 지칠 수 있다. 이럴 때 서로의 성과를 인정해주고, 칭찬을 주고받으면 힘을 북돋아줄 수 있다. 또한 인정과 칭찬 문화가 기반이 될 때 구성원들 간에 신뢰와 심리적 안전감이 생겨 직설적이고 도움이 되는 피드백도 가능하다. 버즈빌은 자신들이 중시하는 인정과 칭찬 문화를 강화하는 장치로서 사내 행사를 적극 활용한다.

"조직 활성화 이벤트는 주로 즐거움, 그리고 일회적인 처방에 초점이 맞춰져 있다고 생각하는데요. 잠깐이나마 즐거운 시간을 보내는 것도 의미가 있겠지만, 해당 시간을 통해 구성원들이 의미를 느끼긴 쉽지 않을 것 같아요. 버즈빌의 행사는 명확한 목적을 갖고 반복적으로 꾸준히 이뤄지고 있어요. 결국 구성원들이 일관된 경험을 할 수 있도록 노력하는 것이 중요한 것 같아요."

목적과 지속성에 따라 단순 행사가 될 수도, 조직문화를 강화하는 의례가 될 수도 있다. 조직 내 높아진 긴장감을 낮추

● 현재는 Hey, Taco라는 서비스를 활용해서 1년에 한 번이 아니라, 수시로 감사와 인정의 메시지를 주고받을 수 있도록 독려하고 있다.

고 즐거운 경험을 목표로 한다면 조직 활성화 이벤트가 되고, 명확한 의도를 가지고 설계하면 조직문화를 강화하는 의례가 된다. 얼핏 보기에는 동일한 행사처럼 보이지만 의도하는 목표에 따라 구성원에게 전달되는 메시지가 전혀 달라진다.

"블로그 콘텐츠를 구성할 때 했던 고민은 '어떻게 하면 조직문화를 생생하게 보여줄 수 있을까?'였어요. 그래서 "우리는 이런 제도가 있어요"가 아니라, "우리 구성원들을 이런 경험을 해요"를 강조하고자 '버즈빌리언 경험 지도'라는 콘텐츠를 기획했어요. 인터뷰를 통해서 회사의 문화를 간접적으로 드러내는 것이죠. 실제로 회사에 지원하시는 많은 분들이 저희 블로그를 보고 흥미를 느끼게 되었다고 말씀해주신 경우가 많아요."

버즈빌이 의례와 함께 조직문화 강화를 위해 활용하는 장치는 이야기다. 개인, 팀 단위 인터뷰는 물론이고, 조직 내 행사 등 다양한 주제로 콘텐츠를 만들어 대내외 구성원에게 전달한다. '버즈빌리언 경험 지도'라는 콘텐츠를 통해서는 단순히 사내 제도를 알리는 것이 아니라 실제로 구성원이 어떤 경험을 하게 되는지를 이야기한다.

"이야기는 중요하죠. 제가 조직문화를 이야기할 때 자주 사용하는 격언이 '말하지 말고 보여 줘라'인데요. 실제로 조직문화는 암묵적 가정 혹은 이미지와 같아서 우리 눈에 보이지 않죠. 이러한 조직문화를 핵심 가치라는 개념어로 표현하는 순간 쉽게 '사어死語' 즉, 죽은 언어가 되어버리는 것 같아요. 보다 살아있는 언어로 표현하기 위해선 문화를 있는 그대로 보여줘야 하고, 그것은 곧 조직의 다양한 이야기로 표현된다고 생각해요."

강정욱 매니저는 평소에 살아 있는 언어로 문화를 표현하기 위해 '호기심'을 가지고 조직을 관찰한다. 일상적인 회사 생활에서 한 걸음 떨어져서 "우리 조직이 가진 신념들은 어떻게 구축되었을까", "우리 조직에게 결정적 순간은 언제일까"라는 질문을 던진다. 그렇게 질문하다 보면 과거의 이야기, 숨겨진 이야기, 새로운 이야기를 발견하게 된다.

"저는 조직문화 담당자들이 회사의 역사가가 되어야 한다고 믿어요. 이미 존재하는 조직문화를 완전히 새롭게 만들 수 있을까요? 그것보단, 이미 존재하는 다양한 이야기를 발견하고, 끄집어내어, 재인식하게 만드는 것이 중요하다고 생각합니다. 그런 의미에서 이야기는 핵심적인 역할을 한다고 말할 수 있어요."

조직 내에서 어떤 이야기가 유통되는지는 곧 구성원이 우리 조직이 어떤 문화라고 믿고 있는지를 보여준다. 긍정적인 믿음을 강화하기 위해서는 우리 조직이 지향하는 문화에 부합하는 이야기를 적극적으로 발굴하고 퍼트려야 한다. 만약 우리 조직이 지향하는 문화에 맞지 않는 이야기가 퍼진다면, 그 이유를 찾고 제거할 방법을 찾아야 한다.

의례와 이야기는
모두가 동일한 곳을 바라보게 한다

조직문화와 핵심 가치는 중요하다. 하지만 매일 쏟아지는 업무에 치여서 지내다 보면 자주 잊게 된다. 우리가 어디로 가고 있는지, 서로 어떤 가치를 지키며 일해야 하는지 서로의 생각을 일치시키는 시간이 의도적으로 필요하다. 의례와 이야기는 바로 이런 의도적인 동기화Synchronize를 통해 구성원과 조직이 서로 같은 방향을 바라볼 수 있게 하는 장치다. 강정욱 매니저는 이런 상황을 바다를 항해하는 배에 비유한다.

"스타트업은 경쟁이 치열해서, 험난한 바다를 항해하는 배와 비슷해요. 주기적으로 이뤄지는 조직의 의례는 한번씩 나침반과 지도를 바라볼 수 있도록 하는 역할을 해요. 정신없는 일상을 보내는 가운데 한번쯤은 '우리가 어디로 나아가고 있는지Vision' 그리고 '우리는 무엇을 중요하게 여기는지Values'를 생각해볼 수 있도록 하는 것이죠."

회사라는 거대한 배에 탑승한 순간, 모든 구성원들은 자기

몫의 노를 젓게 된다. 자신의 눈 앞에 주어진 노를 젓다 보면 거대한 배가 어디로 가고 있는지, 주변 동료들은 어떤 방법과 속도로 노를 젓고 있는지 잘 보이지 않는다. 의례와 이야기는 대신 노를 저어줄 수 없지만 모두가 동일한 방식으로 노를 저을 수 있도록 신호를 줄 수는 있다. 모두가 같은 방향과 리듬으로 노를 젓는 배가 더 멀리, 더 오래 갈 수 있다.

지속 가능한 조직이
되기 위하여

성장 제도 설계하기

"몸은 편한데 마음은 불안하더라"

이름만 들으면 모두가 아는 대기업에서 일하는 지인 L이 한 말이다. 남들이 부러워하는 안정적인 회사에 다니지만, 정작 자신은 불안감을 느낀다는 이야기였다. 자신이 가진 능력 대비 적당한 난이도의 업무만 주어지기에 몸은 힘들지 않지만 성장이 정체되는 것 같아 고민이 된다고 말했다. 이러다가 나중에는 시장에서 경쟁력을 잃고 자신의 가치가 낮아질까 두렵다고도 했다.

성장의 정체가 개인의 불안감으로 이어지는 이유는 최근의 시대적 상황 때문이다. 현시대의 직장인들은 '정년퇴직 보장'이 사라진 시대를 살고 있다. 2021년 통계청 자료에 따르면 살면서 가장 오래 근무한 일자리에서의 평균 근속기간이 최근 10년 사이 19년 9개월에서 15년 2개월로 짧아졌다. 그만둘 당시의 나이는 49.3세로 50살에 못 미친다. 그만두는 사유는 정년퇴직이 7.5%인 반면 사업 부진·조업 중단·휴폐업(33%), 권고사직·명예퇴직·정리해고(12.2%) 같은 비자발적 퇴직이 45.2%에 달한다.[9]

안전지대가 사라진 각자도생의 사회에서 개인이 믿을 수 있는 것은 나 자신의 '실력'밖에 없다. 든든한 실력이 있어야만 회사를 나가야 하는 상황이 닥쳤을 때 새로운 일자리를 구할 수 있다. 이런 상황에서 성장이 멈춘다는 것은 나의 생존을 보장할 수 있는 유일한 보험이 사라지는 것을 의미한다.

그래서일까. 회사를 선택할 때 자신이 성장할 수 있는 곳인지 꼼꼼히 따져보는 젊은 직장인들이 늘어나고 있다. HR 전문잡지 《HR Insight》가 취업 포털 잡코리아와 '인재들의 스타트업으로의 이직'에 관해 실시한 설문 결과를 보면 '수평적이고 효율적인 조직문화'만큼이나 '조직과 함께 하는 성장' 때문에 이직을 생각하는 젊은 직장인들이 많았다. 전통 기업을 떠나는 이유도 '조직 내 성장이 불분명해서'라는 답변이 높았던만큼 젊은 인재들에게는 '성장'이라는 키워드가 중요함을 알 수 있다.[10]

리더의 신념이 성장 문화의 바탕이다

어떻게 하면 젊은 인재들이 중시하는 성장을 촉진하는 문화와 제도를 만들 수 있을까? MZ세대 전문 통합 마케팅 에이전시 대학내일에서 구성원 성장을 돕는 인재성장팀 이윤경 팀장은 무엇보다 '리더의 신념'이 중요하다고 말한다.

"저는 조직은 리더빨이라고 강하게 믿는 사람이에요. 대학내일의 기본적인 철학은 대표 이사인 김영훈 대표님에게 출발했어요. 그분이 자주 하시는 말씀 중 하나가 '자기다움으로 지극히 정진하여 꽃을 피워야 한다'예요. 여기서 '자기다움으로 지극히 정진한다'가 개인의 성장, 나다운 성장이라고 말할 수 있겠죠."

대학내일은 자기다움을 강조하는 리더의 철학을 바탕으로 이를 실현할 수 있는 성장 제도를 구현한다. 대표적인 것인 바로 '당장 써먹는 점심시간(당써먹) 스터디'다. 당써먹 스터디는 점심 시간에 운영되는 사내 교육으로 구성원이 직접 '스님'이라는 스터디 운영자가 되어 자신의 경험과 지식을 동료들에게 전달하는 제도다. 당써먹 스터디의 과목수는 현재 120여 개에 달하며, 많은 교육이 쉴 새 없이 1년 내내 운영된다.

"HRD 부서로 처음 발령 받을 때 구성원들이 진짜로 활용할 수 있는 교육이 있었으면 좋겠다고 생각했어요. 저는 구성원이 바로 써먹을 수 있는 실효성에 중점을 두었어요."

대학내일은 교육비 지원이 풍부한 회사이지만 막상 대학원이나 외부 교육을 신청하는 사람은 소수였다. 교육비 지원 제도에도 불구하고 구성원들이 이를 잘 활용하지 않는 건 넘어야 할 산이 많았기 때문이다. 저녁에 강남까지 가서 수업을 듣는 것이 어렵기도 하고, 외부 교육을 들어도 내가 하고 있는 일에 도움이 되기에는 너무나 보편적인 이야기일 가능성도 높았다.

이런 문제를 해결하고자 이윤경 팀장은 점심 시간에 부담 없이 사내에서 참여할 수 있는 스터디, 당써먹을 기획한다. 당써먹의 특징은 내가 하고 있는 일을 잘 이해하는 동료가 스터디 운영자(스님)로 참여해서 자신의 노하우를 전달하는 것이다. 이렇게 되면 스터디 이름처럼 점심 시간에 배워서 오후에 바로 활용할 수 있다.

"스님을 모시는 것이 처음에는 어려웠죠. 당써먹은 한 시간짜리도 있고 다섯 시간짜리도 있어요. 당써먹을 만들고 운영하는 것이 스님들에게 굉장한 부담이에요. 사내에서 업무 시간 외에 해야 하는 사이드 프로젝트에 가깝거든요. 그런 시간을 할애하게끔 하는 것 자체가 어려웠어요."

당써먹 스터디가 처음부터 활발히 운영되었던 것은 아니다. 특히 스터디 운영자인 스님들을 섭외하는 것이 쉽지 않았다. 이윤경 팀장은 직접 발로 뛰며 '이런 부분에서 당신의 도움이 필요합니다'라고 적극적으로 어필해서 스님을 한 명씩 섭외하고, 스님들의 교안 제작에 도움을 주거나 위클리 미팅을 함께 진행하면서 페이스 메이커 역할을 했다.

"당써먹 회차가 끝나면 '5덕담 리뷰'를 모아서 스님들에게 메일을 드려요. 이 리뷰를 보면서 희열을 느끼는 스님들이 많아요. 직장인 누구나 '지금 내가 잘하고 있는 게 맞나' 고민할 텐데, 그러던 중에 내가 동료의 성장에 기여한다고 직접적으로 들으면 사회적 공헌감을 강하게 느끼시더라고요."

보통 교육이 끝나면 잘못된 점을 지적하고 개선 사항에 초점을 맞추는 설문을 한다. 대학내일은 이와 달리 인정과 감사를 전달하는 데 초점을 맞춘 '5덕담'이라는 설문을 실시한다. '5', '덕분에', '담에는' 세 단어의 약자를 뜻한다.

먼저 스터디가 끝나면 수업 참여자는 5점 척도로 만족한 정도를 점수로 준다. 그 다음 '덕분에 이런 것을 배웠다'를 적는다. 마지막에는 '담에는'이라고 질문을 통해 '다음에 이런 점을 보완하면 더 수업이 좋을 것 같아요'라는 맥락에서 의견을 남긴다. 5덕담을 통해 스님들은 동료에게 도움이 된다는 만족감을 직접적으로 느끼게 되고, 이는 다음 스터디를 더 열심히 준비하게 만드는 동력이 된다. 결과적으로는 스터디의 질이 올라가게 되고 구성원들은 더 양질의 스터디를 들을 수 있는 선순환 구조가 만들어졌다.

구성원의 성장을 함께 고민하는 사람이 되자

구성원 성장 제도를 기획할 때 어려운 점은 구성원의 니즈가 다양하다는 점이다. A라는 구성원은 직무 교육을, B라는 구성원은 리더십 교육을 원할 수 있다. 자원의 한계가 있는 상황에서 모든 사람들의 니즈를 만족시키려 하면 막막함을 느낄 수 있다.

그럴 때는 '모든 니즈를 해결하겠다' 보다는 '일단 구성원들의 목소리를 듣는다'를 목표로 삼는 건 어떨까? 구성원에게 필요한 것은 당장의 제도적 지원 못지 않게 누군가 자신의 성장에 관심을 가져 주는 것이다. 이윤경 팀장이 대학내일 구성원들에게 자주 하는 말은 구성원의 성장을 책임져야 하는 사람들이 어떤 마음가짐을 가져야 하는지 잘 보여준다.

"저희는 늘 이렇게 말해요. 우리는 여러분의 고민을 함께하는 팀이다. 그 고민을 해결해 준다고 장담할 순 없지만 적어도 혼자서 고민하게 그냥 내버려두지 않겠다. 그리고 그게 비단 성장만은 아니다. 여러분이 만족스럽게 일할 수 있는 모든 것, 동료와의 연결과 자기다움의 발견 등 그 모든 것을 다

함께 고민하겠다."●

● 대학내일 이윤경 팀장 인터뷰 전문은 220쪽 부록에서 볼 수 있다.

이지안의
일하는 마음
3

조직문화 담당자의 일이란 무엇인가

'조직문화 담당자의 일은 무엇인가?'

한동안 붙잡고 있었던 화두다. 그도 그럴 것이 내가 하고 있는 업무를 한마디로 정의하기가 어려웠다. 업무의 성격이 다양하고 이질적이었다. 핵심 가치를 전파하기 위해 구성원 인터뷰 콘텐츠를 만들고, 조직 활성화 목적으로 각종 사내 행사를 주최하며, 또 어느 날은 직접 문항을 개발해 조직문화 진단을 실시하고, 언젠가부터는 일하는 방식을 개선하기 위해 보고 문화 개선 및 사내 위키 도입을 진행하기도 했다.

조직문화 업무는 보통 HR 팀의 일로 여겨지지만, 실제로 일이 진행되는 양상을 보면 PR 담당자, 브랜딩 담당자와 비슷해 보였다. 실제로 조직문화 업무를 사내 커뮤니케이션, 인터널 브랜딩으로 표현하기도 한다. 갈수록 '도대체 내가 하는 일의 본질은 무엇일까', '내가 하는 일을 한마디로 정의하면 무엇일까'라는 질문이 머릿속을 떠나지 않았다. 답을 찾기 위해 한참을 끙끙거렸다.

고민 끝에 내가 찾은 답은 '조직의 정신적 토대를 만드는 일'이었다. 회사는 각종 물리적인 토대가 갖춰져야 문제없이 운영된다. 정말 단순하게는 사무실도 있어야 하고 각종 사무기기, IT 시스템도 갖춰져야 한다. 그런데 그 모든 걸 움직이는 건 사람이다. 내가 어느 날 들었던 의문은 '왜 회사들은 물리적 토대를 갖추는 데는 열중하면서 그에 못지않게 중요한 정신적 토대를 갖추는 일에는 투자하지 않는가'였다.

회사에서 PI Process Innovation라고 해서 IT 시스템 전반을 재정비 중인데, 나는 IT 프로세스 혁신 못지않게 조직 내 철학의 혁신을 뜻하는 PI Philosophy Innovation도 중요하다고 생각했다. 그런 맥락에서 조직문화 담당자가 해야 할 일은 '사람을 움직이는 정신적 토대를 만들고 바꾸고 가꾸는 일'이라고 스스로 정의했다.

다만 정신적 토대를 만들고 가꾸는 일에는 다양한 방법을 동원할 수 있다. 특히 조직의 상황이 모두 다르기에 각 상황에 맞는 최적의 해결책을 제안할 수 있어야 한다. 나는 이 제안 능력이 조직문화 담당자의 전문성이라고 본다. 〈금쪽같은 내 새끼〉라는 TV 프로그램을 즐겨 보는데, 여기서 항상 놀라는 것은 오은영 선생님의 정확한 문제 진단과 해결책 제시다. 다양한 문제를 가진 아이들을 만나도 당황하는 법 없이 해결책을 척척 내놓는다. 내가 상상하는 전문성 있는 조직문화 담당자의 모습은 오은영 선생님처럼 어떤 상황에서도 정확히 원인을 파악해서 항상 최적의 방법을 찾는 사람이다.

3부에 다양한 사례를 담은 것은 이 책을 읽는 독자들이 활용할 수 있는 해결책의 종류를 늘려주고 싶었기 때문이다. 문제 상황에 처했을 때 당황하지 않고 대처하려면 우선은 다양한 사례를 알고 있어야 한다. 내가 조사한 사례들이 누군가에게 도움이 되었기를 바란다.

4부

알아 두면
피가 되고 살이 되는
실전 노하우

나만의 비밀 무기 만들기

막막할 때는 커뮤니티에서 시작하자

어쩌다 조직문화 담당자는 되었는데 정작 조직문화가 무엇인지 처음에는 전혀 알지 못했다. 문화라는 단어가 들어가니까 뭔가 말랑말랑하고 좋은 것 같기는 한데 '조직'문화라니. 중요하다는 막연한 느낌만 있을 뿐 조직문화가 무엇인지, 회사에서는 어떤 역할을 하는지, 왜 중요한지 속 시원히 대답할 수 없었다. 그럴 일은 거의 없지만, "어이 조직문화 담당자가 됐다며, 평소부터 궁금했는데 그래서 조직문화가 뭐야?"라고 누군가 물어보는 상상을 하며 회사를 다녔다. '조직문화 담당자'라는 타이틀을 달고 있으면서 자신의 분야를 모른다는 것 자체가 마음의 부담이었다.

찝찝함을 털어 버리기 위해 조직문화를 제대로 파보기로 마음먹었다. 모르는 걸 알고 싶을 때는 머리카락 쥐어뜯을 시간에 나보다 그 주제를 잘 아는 사람을 찾아서 물어보는 게 더 낫다. 그리고 나보다 잘 아는 사람을 소속된 회사와 상관없이 쉽게 만날 수 있는 곳이 바로 커뮤니티였다.

마침 평상시에 이용하던 유료 독서 모임 트레바리에서 조직문화를 주제로 한 모임이 열린다는 안내문을 봤다. 모임은 《어서 와, 리더는 처음이지?》, 《Why를 소통하는 도구, OKR》의 저자 장영학 님이 이끌었다. 조직문화 분야에서 경험이 많은 사람은 조직문화를 어떻게 생각하는지, 무슨 이야기를 하는지 듣고 싶었다. 망설임 없이 모임을 신청했다.

커뮤니티 학습의 장점

트레바리로 시작한 커뮤니티 활동은 나중에 영학 님이 운영하는 HR 담당자 모임 '인사이트'로 이어졌다.● 그곳에서 돈 주고도 살 수 없는 생생한 경험과 자신만의 인사이트를 아낌없이 나눠주는 좋은 분들을 많이 만났다. 커뮤니티는 회사생

● '인사이트'는 2021년까지 운영된 다음 잠시 쉬면서 재정비 시간을 갖고 있다.

활을 하는 동안 나만의 비밀 무기가 되었다. 다음과 같은 장점 때문에 커뮤니티 활동을 적극 추천한다.

1. 현장감 넘치는 디테일한 정보를 얻는다

'인사이트'의 경우, 2주에 한 번씩 참여자들이 하나의 주제를 가지고 자신의 사례를 발표하는 방식으로 진행됐다. 조직 문화 개선 사례부터, 평가 제도 설계 방법, 리더십 개발 프로그램 운영 사례 등 다양한 주제로 모임이 진행되었다.

인터넷 검색이나 책을 통해 얻는 정보는 한계가 있다. 무엇보다 현장감이 떨어진다. 핵심만 정제해서 전달하다 보니 실무자가 궁금한 디테일한 정보들은 얻기 어렵다. 신규 프로그램을 기획할 때 경영진을 어떤 논리로 설득했는지, 내부 커뮤니케이션은 어떻게 했는지, 외부 업체를 활용했다면 예산은 얼마나 들었는지처럼 당장 일할 때 필요한 정보들은 책이나 인터넷에 잘 나오지 않는다.

하지만 커뮤니티에서는 디테일하면서도 솔직한 이야기를 들을 수 있다. 협회나 콘퍼런스 자리가 아니기 때문에 망한 프로그램이 있다면 그 이유까지 솔직하게 서로 이야기했다. 실무자들끼리 있는 편한 자리다 보니 굳이 있어 보이는 척, 잘난 척할 필요가 없었다. 얼굴을 맞대고 이야기하기 때문에 궁금한 점이 있으면 바로 물어볼 수 있다는 것도 장점이었다.

커뮤니티 덕분에 직접 해본 적 없는 업무도 어디서 시작해서 어떤 흐름으로 끌고 가야 할지 감을 잡을 수 있었다. 무엇이 중요하고, 어떤 점은 조심해야 하는지를 아는 건 생각보다 큰 도움이 된다. 정확한 공략법을 알면 어려운 게임을 쉽고 빠르게 클리어할 수 있는 것과 같은 이치다. 이렇게 되면 처음 하는 업무도 시행착오로 인해 발생하는 각종 비용과 낭비되는 에너지를 줄일 수 있다. 실제로 조직문화 진단을 할 때 커뮤니티를 통해 큰 도움을 받았다.

2. 네트워크를 통해 양질의 정보를 획득할 수 있다

커뮤니티 활동을 하면 자연스럽게 다양한 기업에서 일하는 담당자들과 네트워크가 형성된다. 이런 네트워크를 가지고 있으면 실무를 할 때 큰 도움을 받을 수 있다. 벤치마킹이 필요할 때는 연락해서 물어 볼 수 있고, 타 기업 사례를 조사해야 할 때는 메일 한 번으로 원하는 정보를 얻을 수도 있다. 실제로 여러 번 도움을 받았다.

가장 기억나는 사례로는 글로벌 기업들의 '다양성과 포용Diversity and Inclusion' 정책을 조사할 때다. 자료 검색을 통해 기본적인 개념과 홈페이지에 공개된 사례는 알 수 있었지만 직원들의 반응 같은 회사 내부의 정보는 알 수 없었다.

마침 그 당시에 참여하고 있던 독서 모임의 한 인사 담당자 분이 생각났다. 글로벌 회사에서 일하며 미국 현지에 계신 분이었는데, 독서 모임이 온라인으로 진행되어 함께 몇 달 동안 책을 읽고 토론하던 중이었다. 정중하게 이메일 인터뷰를 요청드렸고 흔쾌히 응해주셨다. 덕분에 신속하게 원하는 정보를 얻을 수 있었을 뿐만 아니라 전체적인 보고서의 퀄리티가 한 단계 올라갔다.

예상치 못했던 혜택도 있었다. 어느 순간 팀 안에서 발이 넓은 사람으로 포지셔닝 되었다. 타사 사례나 최신 트렌드를 조사해야 하는 상황이 되면 이제는 팀장님도 "지안씨 아는 사람 없어?"라고 물어본다. 팀에서의 입지가 단단해지는 부가적인 효과도 있었다.

3. 항상 겸손해진다

회사 내에서 업무를 하다 보면 자주 핑곗거리가 생긴다. 경영진이 도와주지 않아서, 예산이 없어서, 사내 시스템이 받쳐주지 않아서 등등. 그럴 때면 '그동안 열심히 했잖아? 이 정도면 충분히 잘했어. 적당히 하자'는 내면의 유혹에 흔들린다.

그럴 때 커뮤니티에 가면 정신이 번쩍 든다. 커뮤니티 활동을 하며 '저렇게까지도 하는구나'라는 생각을 여러 번 했다. 다양한 담당자분들을 만나며 '저렇게까지도 하는구나'에서 '저렇게'의 기준이 점점 높아졌다.

리더십 변화를 위해서는 1년짜리 교육을 운영해야 한다고 자신의 목을 걸고 주장했던 분, 몇 달이 걸릴 일을 한 달 만에 해내고 CEO에게 독하다는 소리를 들었다는 분, 수평 조직으로 조직 개편과 평가 제도 설계를 함께 해내는 분, 그저 해야할 일을 했다는 듯 담담하게 말하는 분의 이야기를 듣고 있으면 한없이 겸손해진다. 아직 경험할 것도, 배울 것도 많다는 생각을 자주 했다.

한때 업무를 가르쳐주는 선배가 없다고 한탄했던 적이 있다. 지금은 더 이상 그런 생각을 하지 않는다. 내가 당장 일하고 있는 조직에 없을 뿐, 업계에는 멘토가 되어줄 선배들이 수두룩 하다. 당장 같은 사무실에 업무를 가르쳐주는 선배가 없다면 회사 바깥으로 찾아 나서자. 내가 아는 가장 쉬운 방법은 커뮤니티로 가는 것이다.

그렇다면 어떤 커뮤니티가 있을까?

조직문화만 전문으로 다루는 커뮤니티는 내가 아는 범위

내에서는 없다(내가 모르는 모임이나 커뮤니티가 당연히 있을 수도 있다). 어디까지나 내가 아는 범위 내에서다. 조직문화만 다루면서 커뮤니티를 장기간 끌고 가기에 현실적으로 어려운 부분이 있다. 그리고 조직문화는 복합적인 요인들의 결과물에 가깝기 때문에 HR 전반에 대해 폭넓게 아는 것이 더 좋다고 생각한다. 내가 직접 참여해봤거나 참여하지 못했지만 유명한 커뮤니티를 소개한다.

• 트레바리의 '요즘 뭐해? HR人'
유료 독서 모임 트레바리의 클럽 중 하나다. 조직문화와 관련된 책을 읽고 월 1회 토론하는 모임이다. 한 시즌이 네 달간 운영된다. 중간에는 참여할 수 없고 시즌 모집 기간에만 신청할 수 있다. 비교적 부담 없이 참여할 수 있다.

• 원티드의 '인살롱'
개인적으로 SNS에서 팔로우하는 분들이 칼럼이나 좋은 글을 많이 올리시길래 알게 되었다. 시간 될 때 한 번씩 들어가서 다른 담당자분들의 경험이나 인사이트를 공유받고 있다. HR앰배서더, 스터디 살롱 등 다양한 HR 관련 교류 기회를 제공한다.

조직문화 최신 정보가
제 발로 굴러오게 하는 법

고수의 SNS를 팔로우하자

업계 트렌드에 빠삭해야 하는 건 직무 불문 모든 담당자의 숙명이다. 당연히 조직문화 담당자도 피해 갈 수 없다. 최신 정보를 습득하겠다는 일념으로 '매일 출근 후 10분간 조직문화 관련 기사 검색하기' 같은 목표도 세워봤지만 얼마 못 가고 흐지부지 되었다. 의식적으로 직접 정보를 찾아 나서는 건 금방 한계에 부딪혔다.

생각의 방향을 바꿨다. 나의 의지박약을 누구보다 잘 아니까 '정보가 알아서 제 발로 나를 찾아오게 할 수는 없을까?' 잔머리를 굴렸다. 나름의 시행착오 끝에 조직문화 관련 최신 정보가 굴러들어 오는 구조를 만드는 데 성공했다. 이제는 출근길 지하철에서 잠깐 짬을 내는 것만으로도 대략적인 업계 트렌드 파악이 가능하다. 이 모든 게 어떻게 가능하냐고? 바로 SNS에 답이 있다. SNS만 잘 활용해도 업계 정보를 빠르고 쉽게, 무엇보다 힘들이지 않고 알 수 있다. 정보 습득을 위해 주로 활용하는 SNS는 페이스북인데 크게 세 가지 장점이 있다.

SNS를 활용한 정보 습득의 장점

"미디어보다 빠른 최신 정보를 얻자"

신문과 언론을 통해 얻는 정보는 느리다. 아니 정확히 말하면 남보다 '빨리' 정보를 얻을 수 없다. 미디어에서 다루는 순간 모두에게 공평하게 노출되기 때문이다.

하지만 SNS는 다르다. 개인의 노력에 따라 정보를 얻는 속도와 습득하는 정보의 질이 달라질 수 있다. 평소에 얼마나 적극적으로 인사이트를 주는 계정들을 찾아서 친구 추가, 팔로우를 해 놓는가에 따라 자신에게 노출되는 정보가 크게 달라진다. 정보 습득에 있어서 다른 담당자 대비 경쟁우위를 획득하게 된다.

"다른 곳에서 찾을 수 없는 인사이트를 얻자"

이제는 단순한 정보보다 그 정보를 어떻게 해석하고 바라볼 것인가가 더 중요하다. 즉, 정보를 해석하는 자신만의 '관점'을 갖춰야 한다. 단순 정보는 누구나 검색과 클릭 몇 번이면 얻을 수 있는 세상이다. 자신만의 생각을 담아 새롭게 해석한 정보가 진짜 유니크한 정보다. 똑같은 뉴스도 어떤 맥락에서 어떻게 해석하는가에 따라 단순한 사실을 넘어 독창적인 인사이트가 될 수 있다.

SNS에서는 나보다 업력이 길고 경험이 많은 사람들이 자신의 관점으로 해석한 정보를 쉽게 얻을 수 있다. 뉴스를 공유하며 자신의 생각을 덧붙이거나, 책을 읽고 어떤 부분에서 감명을 받았는지 함께 적는 식이다. 그 몇 줄의 코멘트만 잘 읽어도 좋은 아이디어들을 얻을 수 있다.

"정보의 확장성을 경험하자"

페이스북 뉴스 피드에 글이 뜨는 사람이 예전과는 많이 달라졌다. 관심사가 변한 탓도 있지만 계속해서 더 좋은 인사이트를 공유하는 사람을 찾아 나섰기 때문이다. SNS의 특성상 새로운 사람을 찾아 나서는 것이 어렵지 않다. 기존에 팔로우하던 사람이 자주 공유하거나 추천하는 새로운 계정을 팔로우하면 높은 확률로 만족스러운 인사이트를 얻을 수 있었다.

신기한 건 좋은 인사이트를 주는 계정은 어느 단계를 넘어가면 동시에 여러 계정에서 '좋아요'를 누르고 추천을 한다는 것이다. 예를 들어 '제 발로 조직문화 최신 정보가 굴러오게 하는 법'이라는 글을 놓고 A 계정에서 '일독을 권합니다', B 계정에서 '좋은 인사이트를 주는 글', C 계정에서 '좋은 글이라 저장'이라고 중복해서 공유한다면 그 글을 쓴 사람의 계정은 팔로우하고 지켜볼 가치가 있다. 결과적으로 SNS가 가지는 확장성 때문에 얻을 수 있는 정보의 질도 계속해서 높아진다.

어떤 사람을 팔로우해야 할까?

'인생도처유상수人生到處有上手'라는 말이 있다.《나의 문화유산답사기》에서 나온 표현으로 '세상 곳곳에 고수上手가 있으니 그들에게 배우라'는 뜻이다. 이 말을 살짝 바꾸어서 표현하면 '페북도처유상수Facebook到處有上手'다. 페이스북의 무한한 세상 곳곳에 수많은 고수들이 있다. 평소에 관심 있게 지켜보는 조직문화, HR 업계 전문가들의 계정 중 일부를 소개한다.

- **김성준**: 조직문화 담당자의 필독서 《조직문화 통찰》, 데이터를 통해 리더들의 특성을 분석한 《탁월한 리더는 무엇이 다른가》를 집필했다. 이론과 실무 모두 경험한 전문가로 균형 잡힌 관점에서 항상 좋은 인사이트를 제공한다. 조직문화 실무자들 사이에서는 아이돌급 인지도를 자랑한다.

김성준 페이스북
www.facebook.com/laissezz

- **이창준**: 리더십 개발 전문가. 리더십이 기술의 문제가 아닌 철학의 문제이자, 삶을 살아가는 태도의 문제임을 강조하며, 저서로 《리더십 문을 열다》, 《진정성의 여정》이 있다.

이창준 페이스북
www.facebook.com/gurupeople

- **백종화**: 스타트업, 대기업 등 다양한 조직의 경험을 바탕으로 조직문화, 리더십, 코칭, 피드백 등 다양한 주제의 글을 발행한다. 매일 한 편씩 글을 쓰는 성실함으로 유명하고 《요즘 팀장은 이렇게 일합니다》, 《원온원》을 출간했다.

백종화 페이스북
www.facebook.com/elfpenguin9014

학습과 성장의 기본은 나보다 훌륭한 사람들과 가까이 지내며 그들의 모든 것을 적극적으로 배우는 것이다. 예전에는 누구에게 배워야 할지도 몰랐지만 이제는 조금만 노력하면 나에게 가르침을 줄 수 있는 사람을 온라인에서 쉽게 찾을 수 있다. 그들의 관점으로 세상을 보고 그들이 바라보는 곳을 함께 보자.

어떤 정보에 노출되는지가 차이를 만든다

인턴을 하던 대학생 친구와 퇴근길 지하철을 함께 탄 적이 있다. 대화하기 어색해서 각자 자리에서 스마트폰만 하면서 집에 갔다. 그러던 중 우연히 그 친구의 페이스북 뉴스 피드를 보게 되었다.

똑같은 페이스북을 하고 있었지만 나와는 화면에 뜨는 게시물이 완전히 달랐다. 그 친구의 뉴스 피드에는 뷰티 관련 게시물이 가득 떠 있었다. 내 뉴스 피드에서는 전혀 찾아볼 수 없는 정보였다. 물리적으로 같은 세계에 있어도 온라인에서는 완전히 다른 세계에 노출되어 있다는 걸 그날 깨달았다.

SNS를 통해 숨 쉬듯 자기 분야의 최신 정보와 값진 인사이트를 매일 흡수하는 사람과 그렇지 않은 사람의 정보 격차는 시간이 지남에 따라 점점 벌어지지 않을까? 처음에는 매우 작은 차이처럼 보일 수 있어도 5년, 10년 뒤에는 꽤 많이 달라져 있지 않을까?

'어떤 정보에 지속적으로 노출되는가'는 생각보다 큰 차이를 만들 수도 있다는 것을 잊지 말자. 오늘부터라도 관심 가는 사람을 친구 추가하고, 좋아요도 누르고, 댓글도 달고 게시글을 공유하자. 그러면 당신의 뉴스 피드에는 어느 순간 알고리즘이 알아서 인사이트 가득 담긴 게시물을 띄워 줄 것이다. 항상 그렇지만 늦었다고 생각할 때가 가장 빠른 때이다.

권한이 없을 때
어떻게 조직문화를 바꿀까

권한은 주어지는 것이 아니라 획득하는 것이다

"우리 부서는 침몰하는 배야. 지안 씨도 열심히 해서 빨리 다른 데로 가" 조직문화 팀에 온 지 일주일이 지났을까? 선배가 따로 불러서 한 말이다. 처음에는 농담인 줄 알았지만 부서의 역사를 보면 침몰하는 배가 맞았다.

부서 초창기만 해도 미래가 밝았다. 신임 CEO가 부임하며 야심차게 HR 혁신 TF가 꾸려졌다. HR 혁신 TF는 크게 인사와 문화 두 개 부서로 나눠졌는데, 이때 생긴 문화 담당 부서가 지금 조직문화 팀의 전신이다.

TF는 몇 가지 변화에 성공했지만 '혁신'이라고 부를 만한 결과는 아니었다. 시간이 지나며 CEO의 관심은 사라졌고, TF

의 규모와 역할은 점차 축소되었다. 이런 흐름 속에서 조직문화 팀은 흔히 말하는 '끗발' 있는 조직 소속에서 점차 힘없는 조직 소속으로 바뀌어 갔다. 그러던 와중에 내가 부서에 합류했던 것이다.

기존 멤버들은 맡은 일은 열심히 했지만 사기가 많이 떨어진 상태였다. '열심히 해도 CEO가 우리에게 관심이 없다', '우리 부서는 뭔가 할 수 있는 권한이 없다'는 한탄을 자주 들었다. 자꾸 그런 이야기를 들으니 나도 모르게 지금의 '상황'에 불만을 가지게 됐고, '어차피 여기는 뭘 해도 안 되는구나'라는 선입견이 생겼다.

권한에 대한 관점이 바뀌다

그러던 중 나의 선입견을 깨는 사건이 발생한다. 독서 모임 트레바리를 통해 《어서 와, 리더는 처음이지?》, 《Why를 소통하는 도구, OKR》 저자 장영학 님을 만나게 된 일이다. 당시 영학 님은 샌프란시스코에서 열린 조직문화 콘퍼런스 'Culture summit 2019'에 다녀온 직후였다. 마침 영학 님이 콘퍼런스에서 참여한 세션의 주제가 '권한이 없는 상태에서 어떻게 조직문화를 바꿀까?'였다.

영학 님의 세션 참여 후기는 처음부터 신선한 충격이었다. "스스로 권한이 없다는 생각부터 버려야 합니다" 머리를 한 대 맞은 것 같았다. 내 생각의 시작점은 '권한이 없다'였다. 하지만 '권한이 없다'를 전제로 하면 할 수 있는 일이 아무것도 없다. 그동안 나 자신도 모르는 사이에 스스로에게 보이지 않는 족쇄를 채우고 있었다. 조직문화 담당자로 일하려면 권한이 없다는 생각부터 버려야 한다.

"권한을 획득하기 위해서 어떤 활동들을 해보셨나요? 세일즈맨처럼 영업도 하고 윗사람을 설득해 본 적이 있으신가요?" 이 말을 듣고 부끄러웠다. 그동안 권한이 없다고 툴툴거렸을 뿐 권한을 얻기 위해 무엇을 할 수 있는지는 한 번도 고민해보지 않았기 때문이다. 그날 이후 '권한은 주어지는 게 아니라 획득하는 것이다'로 관점이 바뀌었다. 그리고 '우리 부서에 CEO가 관심이 없다면 관심 가질 만한 일을 만들어주겠다' 다짐했다.

권한을 획득하기 위해 판을 벌리다

'어떤 일을 벌이면 조직문화 개선 활동에 관한 권한을 얻을 수 있을까?'를 고민하던 중 눈에 들어온 업무 아이템이 있다.

바로 조직문화 진단이다. 조직문화 진단을 하면 현재 조직이 어떤 상황인지, 무엇이 문제인지 객관적인 데이터로 알 수 있다. 이 정도 내용은 최소 CEO 보고감이다. 거기다 문제가 발견되면 당연히 문제 해결을 위한 조직문화 개선 활동을 해야 한다. CEO 관심을 얻어냄과 동시에 업무를 추진할 수 있는 권한을 획득하게 되는 것이다. 조직문화 진단을 안 할 이유가 없었다.

물론 소소한 문제는 있었다. 일단 내가 조직문화 진단을 해본 적이 없었다. 그리고 팀에도 해본 사람이 없었다. 그렇다고 컨설팅에 쓸 수 있는 예산도 없었다. 그야말로 무無에서 유有를 창조해야 하는 상황. 그럼에도 불구하고 용케 겁도 없이 "무조건 고go"를 외쳤다.

조직문화 진단 계획안을 써서 통과시키고, 사돈에 팔촌 인맥까지 동원해서 조직문화 진단을 하는 다른 대기업 담당자 연락처를 알아냈다. 그리고 벤치마킹을 위해 포항까지 다녀왔다. 문항을 개발하고, 전 직원 4,000명 대상으로 설문을 돌리고 결과 분석과 개선 방안까지 담은 결과 보고서를 만들었다. 팀원들의 도움을 중간중간 받기는 했지만 대부분의 과정을 혼자서 진행했다. 한 해의 절반을 정말 숨 가쁘게 보냈다.

그렇게 최종 작성된 진단 보고서는 CEO를 포함한 모든 경영임원에게 공유되었다. 다행히 당시 부사장님이 보고서의 메시지에 공감해 '우리부터 바뀌어야 한다'라고 임원 회의에서 30분 넘게 한참을 이야기했다고 전해 들었다. 부사장의 불호령에 깜짝 놀란 몇몇 조직들은 자체적으로 조직문화 개선 방안을 수립하기도 했다. 고생했지만 분명히 성과는 있었다.

무엇보다 가장 큰 성과는 진단 이후 부서의 업무 범위가 달라졌다는 점이다. 기존에는 이벤트, 캠페인, 조직 활성화가 부서 업무의 대부분이었다면 진단 이후로는 개선 필요성이 강하게 발견된 '일하는 방식 개선'이 큰 비중을 차지하게 됐다. 조직문화에 가장 큰 영향을 주는 리더들을 지원하는 업무도 생겼다. 진단 이후 한층 더 조직문화 팀다운 일을 하게 됐다.

변화의 시작은 담당자 스스로 자신의 힘을 믿는 것

이제는 자신 있게 말할 수 있다. 처음에 부서에 왔을 때 들었던 '경영진은 우리 부서에 관심이 없다'는 문장은 틀렸다. '경영진이 관심을 가질 만한 일을 우리 부서가 만들지 못했다'가 맞는 문장이었다. 조직문화 진단이라는 판을 벌리자 거기에 경영진은 반응했다. 그리고 후속 활동을 할 수 있는 권한까지 주어졌다.

조직에서 개인의 영향력은 어디까지일까? 예전의 나는 큰 조직에서 개인이 할 수 있는 일은 미미하다고 생각했다. 하지만 일련의 과정을 거치며 생각이 조금 달라졌다. 스스로 할 수 있는 일의 범위를 어떻게 설정하는가에 따라 전혀 다른 결과를 만들 수 있다.

분명히 조직에서 한 개인은 작은 톱니바퀴다. 하지만 다른 수많은 톱니바퀴와 맞물려 있다. 혼자의 힘으로 안 된다면 나보다 더 큰 톱니바퀴의 힘을 빌리면 된다. 쉽지는 않지만 불가능한 일도 아니다. 그렇게 다른 톱니바퀴를 하나씩 움직이다 보면 어느 순간 거대한 조직이 움직인다. "충분히 긴 지렛대를 달라. 그러면 나 혼자서 지구도 움직일 수 있으니"라고 말했던 아르키메데스[1]처럼 자신의 힘을 믿자.

상사를 지원군으로 만드는
설득의 기술

과거가 아닌 미래에 집중하자

조직문화 팀의 업무 파트너는 최우선적으로 CEO가 되어야 한다. 아무리 낮게 잡아도 각 조직의 장을 맡고 있는 임원들이 조직문화 팀의 업무 파트너가 되어야 한다. '리더는 조직문화의 창조자이자 수호자'로서 조직문화 형성에 절대적인 영향력을 행사한다. 리더의 지원 없이는 조직문화 팀의 업무가 제한될 수밖에 없다.

"최소 부사장 보고까지는 가야 한다. 가능하면 사장님 보고까지 가야 한다"라고 팀장님에게 줄기차게 말했던 것도 그런 이유에서다. 이왕이면 위를 움직여야 똑같은 활동을 해도 효과가 커진다. 다만 보고 라인이 높아지다 보니 신경 쓸 게 많아진다. 무엇보다 '설득'을 잘해야 한다.

보고 라인이 높은데 말도 안 되는 논리로 보고서를 가져가면 깨질 게 당연하다. 영화 〈대부〉의 명대사처럼 '거부할 수 없는 제안'을 하지 않으면 위까지 통과시킬 수 없다. 과연 어떤 제안이 상대방이 납득할 수밖에 없는 제안일까?

회사의 이익에 기여한다는 확신을 주자

몽고가 금나라를 칠 때 태종은 한 성을 점령했다. 이때 태종은 성의 모든 사람을 죽이려 했다. 명재상이던 야율초재는 무고한 사람들을 이렇게 희생하는 것은 몽고의 잔인성만 부각하고 금의 원한만 일으키기에 적절하지 않음을 알았다.

그는 이에 대해 어떻게 '직언'을 할지 고민했다.

"폐하 이는 잔인한 행동이니 죽이시면 안 됩니다"라고 말한다면 이는 태종이 잔인한 폭군이라는 뜻이고 상대방의 기분을 상하게 만들어 자신까지 해를 당할 우려가 있었다. 야율초재는 대신 이렇게 말한다.

"금나라에는 진기한 물건을 만드는 기술자들이 많습니다. 이들을 다 죽인다면 폐하는 귀중한 물건을 가지실 기회를 잃게 됩니다. 이들을 살려서 귀중한 물건들을 더 많이 만들게 하신다면 폐하의 부강함에 큰 도움이 될 것입니다."

> 태종은 자신의 이익을 고려한 야율초재를 기특하게 여기고 기뻐하며 금화를 주었다고 한다.[2]

야율초재의 이야기에서 얻을 수 있는 교훈은 '상대방의 이득을 섞어서 말하면 설득이 쉬워진다'이다. 새롭게 시도하고 싶은 일과 관련해 상급자를 설득해야 한다면 자신의 일이 회사에 도움이 된다는 걸 어필하자. 회사의 올해 경영 목표 달성이나, 최근 조직 내 이슈 사항을 해결하는 데 내가 하는 일이 기여한다고 말하자.

조직문화 진단이라는 꽤 큰 판을 벌릴 수 있었던 것도 단순히 "조직문화 개선을 위해 진단을 하겠습니다"가 아니라 "글로벌 기업으로 성장한다는 회사의 경영 목표 달성을 위해서는 조직문화가 뒷받침되어야 합니다. 이를 위해서는 현재 수준을 파악하고 개선 방안을 찾는 진단이 필요합니다"라고 말했기 때문이다.

'회사의 이득을 위해서, 경영 목표 달성을 위해서 일하겠습니다'라고 말하는데 누가 반대할 수 있을까. 물론 실행상의 한계점이나 다른 이유들로 제한이 생길 수 있지만, 최소한 일을 하는 이유why에 있어서 만큼은 반박 불가다.

추상화 레이어를 오가며 생각하자

회사에서는 실무자, 부장, 실장, 본부장, CEO 식으로 다양한 레이어가 있다. 내가 기획한 일의 덩치가 크고 영향을 주는 범위가 넓을수록 더 높은 직급을 설득해서 '오케이'를 받아내야 한다.[3] 내가 익힌 요령은 상위 직급의 관심사를 빨리 파악해서, 거기에 내 일을 일치Align시키는 것이다.

최근 CEO의 관심 사항은 글로벌이다. 실제로 국내 시장은 정체기에 들어섰고, 글로벌 시장에서의 성장은 회사의 미래를 위해 꼭 필요하다. 글로벌 시장에서 우리보다 덩치가 큰 플레이어들과 싸우려면 조직 내 모든 부분의 역량이 타 글로벌 기업 수준으로 올라가야 하는 상황이다.

이런 상황을 이해하면 일을 시작하는 이유가 달라진다. 단순히 "조직문화를 개선해야 합니다"가 아니라 "글로벌 기업들과의 경쟁하기 위해서는 조직문화에서도 경쟁 우위를 차지할 수 있어야 합니다"라고 말해야 한다. 이렇게 하면 CEO의 관심사에 부합하는 일이 된다. 당연히 설득에 성공할 확률도 높아진다.

상위 직급의 관심사를 파악하는 방법은 특별한 게 없다. CEO 메시지, 타운홀 미팅 등 소통 기회가 많은 조직이라면 조금 더 쉬울 테고, 그게 아니라면 다른 방법을 찾아야 한다.

나는 그냥 가장 잘 알 것 같은 사람한테 대놓고 물어봤다. 본부장님 보고를 들어갔다가 살짝 수다 떠는 분위기가 됐길래 "CEO의 최근 관심 사항이 어떤 건가요?"라고 물어봤다. 본부장님은 편한 분위기 속에서 술술 대답해 주셨다. 그 외에도 평소에 본부장님이 흘리듯 하는 이야기를 메모해두는 편이다. 그 속에 힌트가 들어있다고 생각한다.

높은 레이어의 관심사를 반영하면 상대적으로 아래 레이어는 설득이 쉬워진다. CEO의 관심사에 부합하는 일을 하겠다는데 본부장, 부장급에서 반대할 이유가 없다. 이것도 상대방 입장을 생각하면 당연한 결과다. 본부장이 되어도 결국에는 최종 결정권자인 CEO에게 평가를 받아야 한다. '제가 이끌고 있는 조직에서 CEO의 관심사를 이렇게 반영하고 있습니다'라고 어필해야 하는 입장이다. 그런 상황에서 CEO에게 말이라도 꺼낼 수 있는 뭔가를 가져오면 '땡큐' 아니겠는가.

결국은 입장 바꿔 생각하기

길게 써 놨지만 결국 설득의 기본은 상대방 입장에서 생각하기다. 상대방의 고민은 뭘까, 최근의 관심사는 무엇일까, 어떻게 하면 상대방의 고민을 내가 맡은 업무에서 해결할 수 있을까, 내가 만약 상대방 입장이라면 어떤 이야기를 듣고 싶을까 등등.

실무자 입장에서는 당장 뭔가를 벌리고 싶겠지만 우선 차분히 생각해 보자. 실무자 관점이 아닌 CEO, 본부장, 부장 관점에서 지금 내가 하려는 일을 생각해보자. 똑같은 일이라도 그들에게 맞는 언어로, 그들의 채널에 주파수를 맞춰서 말하자. 내가 아닌 상대방의 언어로, 그들의 관심사에 초점을 맞춰서 말한다면 어느새 설득을 잘하는 실무자, 커뮤니케이션 능력이 뛰어난 실무자가 되어 있을 것이다.

스트레스는 줄이고
업무 성과는 높이는 방법

나만의 강점 활용하기

지금껏 여러 부서를 거치며 다양한 사람과 일했지만 일 못한다는 소리를 크게 들은 적은 없다. 그럴 수밖에 없는 게 일을 잘할 수밖에 없는 환경을 스스로 만들었기 때문이다. 최대한 내가 잘할 수 있는 일을 선점하거나, 내가 돋보일 수 있는 환경으로 이동하려고 노력했다. 강점은 드러내고 약점은 감춰서 다른 사람들이 보기에 일을 잘하는 것처럼 보이는 '착시 효과'를 만들었다.

CEO 영상 메시지를 기획했던 것도 강점을 활용할 수 있는 업무였기 때문이다. 기존에 텍스트 형태로 전달하던 CEO 메시지를 젊은 세대의 눈높이에 맞는 영상 형태로 만들어서 전달력을 높이는 업무를 담당하게 되었다. 업무적으로는 처음 하는 일이었지만 두려움은 없었다. 원래 콘텐츠 만드는 일을 좋아하기도 했고, 실제로 입사 전에 영상 콘텐츠 제작을 경험 한 적도 있었다.

나와 달리 이 일을 굉장히 힘들어했던 동료가 있었다. 공대 출신인 동료는 CEO 메시지의 직접적인 대본 작성을 맡았는 데 글쓰기를 정말 힘들어했다. 자신이 회사에 들어와서 한 일 중에 가장 힘든 일이라고 불평하기도 했다. 글쓰기를 강점으 로 생각하는 내 입장에서는 동료의 반응이 다소 의외였다.

비슷한 일을 하면서도 나와 동료의 반응이 달랐던 것은 서 로의 강점이 다르기 때문이다. 나에게는 글쓰기와 콘텐츠 제 작이 즐겁고 재밌는 일이었지만, 동료에게는 어렵고 스트레 스받는 일이었다. 반대로 나는 숫자에 대한 감각이 남들보다 굉장히 떨어지는데, 만약 숫자와 관련된 일을 했다면 스트레 스 강도가 높았을 것이다.

누구에게나 메시의 '왼발'이 있다[4]

자신의 강점을 활용하기 위해서는 먼저 내가 어떤 강점을 가지고 있는지 알아야 한다. 세계를 호령하는 축구 선수 메시는 왼발에 강점을 가지고 있다. 득점의 대부분이 왼발에서 나온다. 메시의 라이벌 호날두마저도 2016년 발롱도르 시상식에서 "내 왼발도 그렇게 나쁘지 않은 편인데 메시의 왼발이 좀 더 나은 것 같다"[5]라고 말할 정도다. 메시의 '왼발'에 해당하는 나만의 강점이 무엇인지 먼저 파악해야 한다.

자신의 강점을 찾는 쉬운 방법은 다른 사람에게 칭찬받았던 순간을 떠올리는 것이다. 예전에 같이 프로젝트를 했던 선배에게 "지안 씨는 복잡한 걸 쉽게 만드는 장점이 있어요"라는 피드백을 받은 적이 있다. 그날을 계기로 '나에게는 어려운 걸 단순화하는 장점이 있구나'라는 걸 깨달았다. 그 뒤로 회의가 빙빙 돌며 정리가 안될 때 상황을 정리해서 다음 논의로 넘어가게 하거나 보고서를 쓸 때 큰 틀을 짜는 역할을 보다 적극적으로 수행하고 있다.

또 다른 방법은 외부의 강점 진단 도구를 활용하는 것이다. 개인적으로는 태니지먼트 강점 진단을 추천한다. 무료로 기본적인 강점 진단을 할 수 있고 유료 결제를 할 경우 보다 자세한 리포트를 받을 수 있다.

태니지먼트 진단 결과 "복잡한 일을 정리하여 체계화"하는 조정Organize 강점이 있다고 나왔다. 결과를 받아 보고 말 그대로 빵 터졌는데 뭐든지 단순하고 쉽게 정리하고 싶어 하는 개인 특성이 그대로 리포트에 반영되었기 때문이다. 앞서 말했던 칭찬을 받았던 순간하고도 연결되는 내용이었다. 그 외에도 막연하게만 느껴졌던 개인적인 특성들이 꽤나 구체적으로 리포트에 정리되어 있었다. 가끔 '나의 강점이 어떤 것들이었더라?' 하는 생각이 들 때 태니지먼트 리포트를 읽으며 강점에 대한 인식을 명확히 한다.

강점을 활용해 일하는 나만의 노하우

나만의 강점을 알았다면 이제는 업무에 자신의 강점을 적용해 볼 차례다. 여기에는 약간의 요령이 필요하다. 일의 주도권을 가져와야 한다. 상사가 일을 시키기 전에 먼저 이런 일을 해보겠다고 손들고 나서자. 시키지도 않은 일을 먼저 하겠다고 나서는 것이다.

이렇게 업무로 선수를 치는 이유는 다른 사람이 시켜서 일을 하게 되면 내 강점과 관련없는 업무를 하게 될 확률이 높기 때문이다. 정말 유능한 상사라면 나의 강점을 활용해 업무를 배정하겠지만, 그렇지 않은 상사를 만날 확률이 더 높다. 스스로 업무를 기획하고 추진하게 된다면 자신의 강점을 반영한 업무를 할 수 있다.

물론 먼저 제안을 할 때는 몇 가지 조건이 있다. 일단 터무

니없는 일이어서는 안 된다. 이 일을 해야만 하는 충분한 명분이 있어야 하고 팀에 반드시 필요한 일이어야 한다. 그리고 상사가 생각하기에 중요하다고 판단되어야 한다. 이런 조건만 충족시킨다면 나의 강점을 발휘할 수 있는 일을 스스로 기획해서 추진할 수 있다.

이 전략은 부가적인 효과도 있다. 상사에게 먼저 일을 제안하면 '주도적이고 열정적이다', '새로운 접근 방식으로 업무를 처리한다' 같은 좋은 평가가 자연스럽게 따라온다. 사실은 강점을 발휘할 수 있는 일만 하려고 선수 친 거지만 말이다.

이렇게 선제안을 통해 업무를 늘려가다 보면 전체 일의 총량 중에 강점을 발휘할 수 있는 일의 비중이 커지고, 그렇지 않은 일의 비중은 적어지는 선순환 구조가 생긴다. 자연스럽게 스트레스는 줄고 업무 성과는 점차 좋아진다.

큰 변화를 위해서는
작은 변화부터 시작하자

문제가 거대할수록 잘게 쪼개자

조직문화 진단을 통해 여러 개선 필요 사항이 발견되었는데 그중 하나가 '보고 문화 개선'이었다. 보고는 '정보의 교환을 통한 의사 결정 과정'으로 회사에서 많은 직원들이 일상적으로 하는 행동이자, 업무 시간의 많은 부분을 차지하는 중요한 행위다. 그런데 이 일상적인 업무 행위에서 많은 비효율이 발견되었다. 다른 조직도 흔히 겪는 현상으로 필요 이상의 보고서가 양산된다든지, 불필요하게 보고서를 꾸민다든지 하는 일들이었다. 보고는 거의 전 구성원이 하는 공통된 행동이기에 보고 문화 하나만 효율화 되어도 구성원들의 회사 만족도가 올라갈 것이라고 판단했다.

사실 보고 문화 개선은 '그거 되겠어? 해 봤는데 안 되더라'의 대명사 같은 일이었다. 이미 과거에도 여러 차례 보고 문화 개선을 시도했던 사례가 있었다. 하지만 매번 별다른 변화를 만들지 못하고 '원래 하던 대로'가 유지되었다. 실제로 보고 문화 개선을 한다고 하자 주변에서 '그거 전에도 했던 거야', '어차피 안 돼' 같은 이야기를 들었다.

과거에 했던 보고 문화 개선 활동이 실패했던 데는 몇 가지 이유가 있었다. 우선 구성원의 행동을 강제할 수 없는 활동(캠페인, 아이디어 공모전)을 주로 실시했다. 또 하나는 개선 활동을 실시할 때 처음부터 전 조직으로 활동 범위를 잡아서 세밀한 관리를 하지 못했다. 범위가 넓다 보니 실제로 보고 문화 개선 활동이 잘 이루어지고 있는지 파악하기도 어려웠고, 중간에 관여하기도 힘들었다.

그래서 이번에는 '크고 불확실한 성공'이 아닌, '작지만 확실한 성공'으로 방향성을 바꾸었다. 작더라도 구성원이 체감할 수 있는 변화를 만드는 것이 이번 보고 문화 개선 활동의 목표였다.

시작은 파일럿부터

우선은 '전사적인 보고 문화 개선 실시'가 아닌 '선 파일럿 테스트 후 전사 확대'로 접근했다. 보고 문화 개선을 준비하며 사전 인터뷰를 실시했는데 개선 포인트가 광범위하고 복잡했다. 쉽게 말해서 할 일이 많았다. 처음부터 전사 확대로 접근하면 아무리 계획을 잘 세워도 단번에 1,000명 넘는 사무직 구성원들에게 정착시킬 자신이 없었다. 그래서 범위를 좁혀서 네 개 조직, 230명에게 먼저 실시하기로 했다.

결과적으로는 파일럿을 실시한 게 신의 한 수였다. 파일럿을 실시하는 과정에서 예상치 못한 변수들이 계속 발생했는데 그나마 파일럿으로 범위를 좁혀 놓았기에 대응할 수 있었다. 이 과정에서 실행하기 전에는 몰랐던 구체적인 인사이트를 얻을 수 있었다.

내부의 성공 사례를 만든 것도 큰 수확이었다. 처음에 세운 개선 방안은 '이렇게 하면 보고 문화가 개선될 것'이라는 검증되지 않은 가설이었다. 하지만 파일럿 테스트를 통해 가설을 수정·발전시켰고, '이렇게 하면 보고 문화가 개선된다'는 구체적인 사례가 만들어졌다. 새롭게 만들어진 조직 내부의 성공사례는 이후 더 많은 구성원들을 설득할 때 요긴하게 쓰이게 될 터였다.

리더들의 마음을 녹이다

파일럿이 성공적으로 운영될 수 있었던 건 파일럿 조직 리더들의 지원 덕분이었다. 파일럿 기관을 선발할 때부터 조직 내에서 개방적이고, 새로운 시도에 오픈되어 있다고 평가받는 리더들을 주로 선정했다. 실제로 파일럿 기관 섭외를 위해 방문하자 리더들은 흔쾌히 참여하겠다는 의사를 밝혔다.

이후에는 각 조직 별로 현 상황을 파악하기 위해 사전 설문을 실시했다. 설문 결과를 통해 각 조직별로 구성원들이 느끼는 보고 문화 개선의 우선순위가 다르다는 걸 알 수 있었다. 예를 들어 A 조직은 종이를 출력하는 보고 문화에 대한 개선 필요성을 강하게 표현했고 B 조직은 보고 단계가 진행되면서 내용이 자주 바뀌는 현상을 바꾸기 원했다. 다행히 처음에 계획했던 개선 방안에 모두 포함되는 내용들이었지만 조직마다 우선순위가 다르게 나타나는 건 예상치 못한 내용이었다.

설문 결과를 가지고 각 조직의 리더들과 사전 미팅을 진행했다. 이때 리더들의 반응은 다양했다. 결과를 회피하기도 하고, 핑곗거리를 찾기도 했다. 현실을 직시하는 건 누구에게나 쉽지 않은 일이다. 하지만 다들 좋은 리더였기에 대체로 결과를 수용했다. 사전 미팅은 변화의 필요성을 함께 느끼는 시간이었다.

사전 미팅은 미국의 심리학자 커트 레빈이 정립한 3단계 변화 관리 방법[*] 중 첫 단계 해빙Unfreezing에 해당했다. 네모난 얼음이 동그란 얼음으로 모양이 변하려면 우선 네모난 얼음이 한번 녹는 해빙Unfreezing이 필요하다. 사전 미팅 시간을 통해 리더들은 자신이 운영하는 조직의 현실을 직면했고, '우리 조직은 잘 되고 있을 거야'라는 무의식적인 믿음이 깨지는 경험을 했다. 다음 단계는 새로운 방향을 제시할 차례였다.

문제가 거대할수록 잘게 쪼개라

보고 문화의 근본적인 해결책은 보고서를 작성할 필요가 없는 권한과 책임이 분산된 구조를 만드는 것이다. 상급자에게 일일이 승인받을 필요 없이 실무자가 의사 결정 권한을 가지고 일을 추진하면 된다. 보고서 대신 다른 동료들에게 자신이 무슨 일을 하고 있는지 알 수 있게 메일로 정리해서 공유하면 끝이다. 이렇게 되면 불필요한 보고서 작성할 시간에 진짜 일을 할 수 있다.

● 1940년대 미국의 심리학자 커트 레빈Kurt Lewin은 조직의 변화 관리 방법을 얼음이 녹았다가 다른 모양의 얼음이 되는 것에 비유해 Unfreezing(해빙)-Moving(이동)-Refreezing(응고) 3단계로 정립했다.

근본적인 해결책은 알고 있지만 이걸 추진하자면 조직 내 권한과 책임 구조를 다시 손봐야 하는 꽤 큰 작업이 된다. 그리고 이런 근본적 변화는 반발도 크기에 실패할 확률도 높아진다. 지금까지 보고 문화 개선 작업이 실패했던 건 리더 계층에게 집중되어 있는 권한과 책임 구조를 건들지 않고, 그로 인해 발생하는 문제들을 강제력이 없는 방법으로 해결하려고 했기 때문이다.

내가 접근한 방법은 '보고 문화라는 하나의 큰 현상을 잘게 쪼개서 해결 가능한 것부터 바꾼다'였다. 구성원 인터뷰 중에 '보고의 중요도를 상중하로 나눴을 때 중요도 상은 기존 방식 그대로 한다고 치고, 중하라도 바뀌었으면 좋겠습니다'라는 멘트를 들었는데 여기서 큰 힌트를 얻었다. 근본적인 권한과 책임 구조를 손보지 않고도 해결할 수 있는 문제들을 먼저 해결하는 데 초점을 맞췄다.

실제로 설문을 통해 구성원들에게 평소에 하고 있는 보고의 유형을 세 가지 타입으로 분류해봤는데 의사 결정이 필요하고 논의가 필요한 내용은 기존 방식(정식 보고서를 지참한 대면 보고)을 선호했다. 하지만 의사 결정이나 별도 논의가 필요 없는 내용은 이메일이나 다른 수단을 통해 간편하게 보고하기를 원했다. 그래서 우선은 중요도 중하 보고 건을 효율화하는 데 초점을 맞추었다.

환경을 바꾸면 행동이 바뀐다

구성원이 생각하는 중요도 중하의 보고 건은 이런 것들이었다. 단순 회의 결과, 매일 반복적으로 이뤄지는 정보 공유(일일 실적), 각종 취합성 업무 등 굳이 보고서의 형태로 만들 필요가 없는 것들이 일정한 형태를 갖춘 보고서로 작성되고 있었고, 그 과정에서 시간이 낭비되고 있었다.

이런 것들은 협업 툴이나 이메일을 통해 공유하자고 제안했다. 특히 IT 부서에서만 사용하던 '컨플루언스confluence'라는 프로그램을 파일럿 실시 조직에 소개하고 사용하도록 유도했다. 컨플루언스는 위키 기반의 협업 도구로 동시에 여러 사람이 한 공간에 작업할 수 있어 업무 효율이 높아지는 장점이 있는 프로그램이다.• 특히 컨플루언스를 활용하면 각종 취합성 업무를 위해 워드 파일을 뿌리고 걷는 작업을 단번에 사라지게 할 수 있다. 실제로 컨플루언스를 도입하자 '덕분에 일이 편해졌다', '일 다운 일을 한다', '회사에서 포상을 줘야 한다' 같은 구성원들의 즉각적인 반응이 왔다.

또 하나는 페이퍼리스Paperless 환경 조성이었다. 기존에는

• 반면에 처음 접하는 사람이 능숙하게 사용하기에는 진입 장벽이 있다는 단점이 있다. 현재는 다양한 협업 툴이 출시된 만큼, 각 회사의 상황에 맞는 툴을 사용하는 걸 추천한다.

보고, 회의 때마다 모든 보고서를 직접 출력해서 함께 읽으며 보는 방식이었다. 보고에 참여하는 사람이 많아질수록 출력해야 하는 보고서가 많아질 뿐만 아니라, 과도한 종이 출력으로 발생하는 자원 낭비도 심각했다. 이 문제는 대형 TV를 설치하는 것으로 해결했다. 보고가 주로 이뤄지는 공간에 대형 TV를 설치함으로써 노트북을 연결해서 보고할 수 있도록 했다. 실제로 대형 TV를 설치한 이후 파일럿 기관들의 종이 출력이 줄어드는 효과가 나타났다.

둘의 공통점은 '환경'을 바꾸었다는 점이다. 단순히 '이렇게 바뀌어야 합니다'라고 말만 하는 것으로는 변화를 만들기 쉽지 않다. 인간의 의지에만 기대어 행동까지 변화하도록 만드는 것은 한계가 있기 때문이다. 하지만 환경을 바꾸면 다르다. 일종의 넛지 효과가 발생하여 부드럽게 사람들의 등을 떠밀게 된다. 각 개인이 변화하려고 큰 의지를 가지고 힘을 들이지 않아도 자연스럽게 새로운 방향으로 따라가게 된다.

<u>오늘도 변화를 만들어내려는 누군가에게</u>

'조직을 바꾸는 건 왜 이렇게 힘이 들까?' 고민했던 적이 있다. 그런데 변화가 쉽지 않은 건 어찌 보면 자연스러운 일이다. "모든 조직은 현재의 상태가 만들어질 수밖에 없도록 완벽하게 구조화되어 있기 때문이다"[6] 효율·비효율과 상관없이 일단은 완벽하게 구조화된 상태가 현재이다. 변화를 만든다는 건 이 구조에 균열을 만드는 행위다. 당연히 기존 구조에 익숙해진 사람들에게 반발이 생길 수밖에 없다.

특히 조직의 규모가 클수록 변화는 더욱 힘들다. 지렛대를 떠올리면 쉽다. 반대편에 크고 무거운 100kg짜리 돌이 올려져 있다고 생각해보자. 웬만큼 힘을 주어서는 움직일 기미조차 보이지 않는다. 큰 조직에 변화를 만드는 건 반대편에 거대한 돌덩이가 올려진 지렛대를 움직이는 것이다.

만약 100kg이 아니라 5kg짜리 돌이 올려져 있다면 어떨까? 상대적으로 지렛대를 움직이기 쉽다. 파일럿을 통해 변화 시도의 범위를 줄이고, 거대한 문제를 잘게 쪼개는 건 한 번에 100kg짜리 돌을 드는 것이 아니라 우선 5kg짜리 돌부터 움직이는 방식이다. 작은 돌을 여러 번 들면 요령도 생기고 근육도 붙어서 다음에는 더 큰 돌도 들 수 있다.

변화를 만들려는 문제가 크고 복잡할수록 한 번에 모든 것을 바꾸기는 어렵다. 그럴 때는 작지만 확실한 성공을 여러 번 반복하여 결국에는 큰 성공을 만들어 내는 방법을 추천한다. '천 리 길도 한 걸음부터' 몇 번의 시도 끝에 깨달은 나만의 변화를 만드는 방법이다.

이지안의
일하는 마음
4

나에게는 선택권이 있다

회사 생활 초반까지만 해도 주변에 끌려 다니는 일이 잦았다. 대표적인 예가 술자리다. 공식적인 부서 회식 말고 다른 선배들이 퇴근 후에 술자리를 가자고 하면 거절하지 못했다. 딱히 술을 좋아하지 않는 나에게 잦은 회식은 스트레스였다. 술자리에 빠지자니 주변에서 안 좋게 볼까 봐 걱정되고, 참석하자니 성향에 맞지 않았다. 그때는 주변의 눈치 때문에 술자리에 참석하고 스트레스 받는 쪽을 택했다.

그러다 《에센셜리즘》을 읽고 생각이 달라졌다. 이 책에서 강조하는 것 중 하나가 선택의 힘이다. 저자인 그렉 맥커운Greg McKeown은 "우리는 선택의 대상을 통제할 수 없지만, 선택이라는 자신의 행위에 대해서는 언제나 통제할 수 있다"고 말한다. 퇴근 후 술자리가 생기는 것은 내가 통제할 수 없지만 가고 안 가고는 내가 선택할 수 있다. 직접적으로 술자리에 가기 싫다고 말하는 것이 부담되었다면 다른 유연한 방법(선약이 있다고 둘러대는 등)을 동원할 수 있었다. 그동안 나는 스스로에게 선택권이 있다는 사실 자체를 망각하고 외부에 선택권을 양도하고 있었다.

물론 회사에서 모든 것을 100% 마음대로 선택할 수는 없다. 하지만 '회사에서 단 1%도 스스로 선택할 수 없는가?'라고 묻는다면 그건 또 아니다. 1% 혹은 그 이상의 선택권이 분명히 있다. 단번에 내가 원하는 100%의 결과물을 만들 수는 없지만 한 번에 1% 정도는 내가 원하는 방향으로 바꿀 수 있다. 선택의 힘을 믿고 느리더라도 꾸준히 바꾸는 것이 중요하다. 처음에는 1%, 조금 익숙해진 다음은 3%. 더 익숙해지면 5%, 7%, 10%… 세련과는 거리가 먼 방법이고 무식하고 맷집이 필요한 방법이다. 하지만 내가 생각하는 선택의 힘을 믿고, 이를 구현하는 현실적인 방법은 이렇다.

나는 조직문화 담당자에게 필요한 첫 번째 태도가 '자신에게 선택의 힘이 있다는 것을 깨닫는 것'이라고 생각한다. 조직문화 업무는 얼핏 보면 말랑말랑해 보이지만 제대로 하려고 한다면 굉장히 터프한 업무다. 움직이지 않으려는 조직을 때로는 멱살을 잡고 끌고 가야 한다. 조직을 움직인다는 건 그만큼 힘든 일이다. 그래서 조직문화 담당자는 기본적으로 주체적인 사람이어야 한다. 안 된다고 불평불만만 하고 있어서는 아무것도 할 수 없다. 남들은 사막이라고 할 때 어딘가에 있을 오아시스를 찾아내는 사람이어야 한다. 그러려면 자신에게 있는 선택의 힘을 깨닫고 앞으로 나아갈 수 있는 사람이 되어야만 한다.

미드 〈센스8〉을 보다 보면 내가 좋아하는 대사가 나온다. "우리가 선택을 한다고 생각하지만, 사실은 선택이 우리를 만드는 거야." 우리가 하는 선택 하나하나가 모여 나와 내 주변의 환경을 만든다. 내게 선택의 힘이 있다고 믿고, 작은 선택이든 큰 선택이든 스스로 해 나가야 한다. 조직문화 담당자로서 어디까지 나아갈 것인지는 다른 사람이 아닌 나 자신에게 달려 있다.

부록 1

조직문화 담당자가 말하는
조직문화 담당자의 '일'

회사가 가야할 지향점,
'이상 문화' 정의하기

포커스미디어코리아 Culture&People 그룹
이가온 부대표

조직문화를 관리하기 위해서는 우리 조직이 가야 할 길을 알려주는 지향점이 필요하다. 많은 조직이 '컬처덱Culture Deck', '□□□ Way', '○○에서 일하는 방법' 등을 정의하고 명문화하는 이유다. 이런 방향성이 없다면 조직문화를 내재화하기 위한 여러 활동들은 파편화 되어 힘을 발휘하지 못한다. 우리 조직이 가야 할 방향성, 즉 '이상 문화'를 정의하는 활동은 조직문화 업무의 시작점이 되어야 한다.

포커스미디어코리아의 〈원칙〉은 포커스미디어코리아의 '이상 문화'를 정의한 자료이다. 포커스미디어코리아는 어떤 과정을 거쳐 조직의 이상 문화를 정의한 〈원칙〉을 만들고, 조직에 뿌리내리도록 했을까. 포커스미디어코리아에서 Culture&People 그룹을 총괄하는 이가온 부대표에게 이야기를 들어보았다.

많은 회사가 '□□□ Way', '컬처덱Culture Deck' 같은 다양한 이름으로 본인들이 가야하는 지향점, 이상 문화를 정의하는데요. 이상 문화는 무엇이고, 이것들을 정의하는 작업이 왜 중요할까요?

제가 생각하는 이상 문화는 조직이 목표하는 사업 전략을 성공적으로 수행하기 위해 조직이 꼭 가져가야 하는 신념이나 가치관을 의미해요. 회사는 특정한 목적을 가지고 탄생한 조직이기 때문에 목적 달성을 위한 여러 규칙과 관리 방법이 있어야 한다고 생각했어요.

이런 생각은 스타트업에서 일하면서 강해졌는데요, 스타트업 초기에는 말하지 않아도 우리에게 무엇이 중요한지 알아요. 눈빛만 봐도 동료가 뭘 필요로 하는지 알 수 있어요. '눈치'가 굉장히 효과적인 커뮤니케이션 도구가 되는 거죠. 그런데 조직이 성장하다 보면 어느 순간 무엇이 중요하고 왜 중요한지 맥락들이 사라져버려요. 다양한 가정을 가진 구성원이 조직에 유입되면서 다른 조직에서 했던 대로 지금 조직에서도 똑같이 행동하는 거죠. 이렇게 시간이 흐르면 조직이 갖고 있던 고유함Origin이 왜곡되고 변하는 걸 보았어요.

이런 경험을 겪으면서 우리가 하는 모든 일의 구심점을 잡아야 한다고 생각했어요. 우리가 어떻게 탄생했고, 어떤 게 중요했고, 앞으로 무엇이 중요한지를 말하는 거죠. 더 이상 눈치

가 아니라 최대한 자세하게 설명하고 명문화하는 오버 커뮤
니케이션Over Communication을 도구로 활용해야 해요. 고맥락에서
저맥락 조직으로 이동해야 한다는 거죠. 그래서 이상 문화를
정의하고 구체화했던 거예요.

> 포커스미디어코리아는 이상 문화를 〈원칙〉이라는 문서로 정리
> 해서 공표를 했는데요. 포커스미디어코리아의 〈원칙〉을 모르
> 는 분들을 위해서 어떤 내용이 담겼는지 소개를 부탁드립니다.

포커스미디어코리아의 〈원칙〉에는 창업 이념, 미션, 비전,
핵심 가치 등이 담겼어요. 조직을 왜 만들게 됐는지, 궁극적으
로 우리가 존재하는 이유가 무엇인지, 우리가 꿈꾸는 미래상
이 무엇인지, 중장기 목표가 무엇인지, 그렇게 가기 위한 과정
에서 조직 운영의 원칙은 무엇이 되어야 하는지, 이런 것들을
Why와 What, How to로 풀어낸 문서예요.

〈원칙〉을 제작할 때 가장 중요하게 다룬 것이 하나 있어요.
일반적으로 조직 철학을 수립하고 문서화할 때의 접근은 미
션, 비전, 핵심 가치, 행동규범, 인재상을 설정하고 공유하는
것이에요. 여기에 더해서 우리가 가장 집중했던 것은 현 조직
의 기본 가정을 탐색하는 것이었어요. 〈원칙〉을 만들면서 우
리의 표방 가치를 지켜 나가기 위해 필요한 가정과 정렬되어
있는지, 그렇지 않다면 무엇을 교정해야 할지를 계속해서 합

의해 나갔어요.

〈원칙〉은 총 3단계를 거쳐서 만들어졌어요. 첫 번째 단계는 '조직 가치관 세우기'라고 이름 붙였어요. 우리가 지속적으로 계승해 나가야 하는 신념이 무엇인지 탐색하는 단계를 말해요. 이때 탐색한 신념이 곧 경영 철학이자 조직의 주요 의사 결정의 기준인 셈입니다. 이 단계에서 도출된 것이 '창업 이념', '미션', '비전', '핵심 가치'예요.

두 번째 단계는 '인재 양성 기준 세우기'를 했어요. 포커스미디어코리아가 가진 신념을 바탕으로 성장하기 위해서 필요로 하는 인재의 모습과 포커스미디어코리아에서 일하는 법을 정의하는 단계였어요. 이 단계는 '인재상'과 '행동 규범'으로 구체화되었고요.

세 번째 단계는 조직 운영 요소를 정렬시키는 단계인데 조직원의 사고와 행동을 강화할 수 있는 조직 내 모든 인공물을 정의하는 작업을 했어요. 구체적으로는 리더십, 인사 제도(채용, 육성, 평가, 보상, 퇴사)의 원칙을 정했어요. 이런 과정의 결과물로 〈원칙〉의 목차가 나오게 된 거죠.

포커스미디어코리아 〈원칙〉의 목차

> 엄청난 일을 하셨네요! 〈원칙〉을 만드는 과정을 보다 구체적으로 설명해주실 수 있을까요?

〈원칙〉이 만들어진 과정을 살펴보려면 제가 입사하던 당시부터 이야기를 해야 해요. 우선 대표님과 많은 이야기를 나눴어요. 그 과정에서 대표이사가 갖고 있는 신념, 성격, 가치관,

그리고 우리 조직이 외부 환경에 대응해 온 방식에 대한 패턴을 찾을 수 있었어요.

입사가 확정된 다음에는 특정 기간까지 철저하게 이방인의 관점에서 조직을 관찰했어요. 예를 들어 온보딩 교육에서 주는 메시지는 무엇인지, 이걸 통해 나는 조직에 대해 어떤 인상이 생기는지 모든 과정에서 제가 받는 인상을 기록했어요. 그 다음에는 구성원 200명을 1대1로 만나서 이야기를 들어보는 인터뷰를 진행하고, '포미 가이스트'라는 이름으로 정량적 진단을 했어요. 구성원들은 성격, 가치관 검사를 모두 진행했고요. 이런 과정을 통해 대표이사의 신념과 간극이 있는 부분을 깊게 살펴봤습니다. 그 이후에 앞서 말한 3단계로 이뤄진 조직의 원칙을 세우는 워크숍을 진행했어요.

워크숍은 주 1회 회사 내 C레벨을 대상으로 진행했어요. 1회 진행할 때 서너 시간이 걸렸고 총 28회를 진행했어요. 2020년 9월부터 2021년 5월까지 총 9개월 동안 진행했고, 원칙 공표 이후에도 주기적으로 업데이트를 하고 있어요. 워크숍은 C레벨들의 기본 가정을 탐색하고 그들 간에 정렬이 깨져 있는 기본 가정을 맞추는 작업이었어요. 굉장히 치열하고 건설적이었어요. 이 워크숍 자체가 리더십 그룹이 가지고 있던 서로 다른 가정을 일치시키기 위한 활동이었죠. 기본 가정을 탐색하는 질문은 김성준 박사님의 '조직문화 일구기 가이드북'●에 내용이 잘 나와있어서 그걸 따라가면서 진행했어요.

제가 워크숍을 하면서 강조했던 포인트는 '자신이 생각하기에 편한 걸 기준으로 말하는 것이 아니라, 우리 조직의 사업 전략을 성공적으로 수행하기 위해 어떤 것이 필요한지의 관점에서 말하자'였어요. 우리 조직이 가야할 미래 모습, 즉 To be를 찍는 거죠. 그런 다음 "솔직하게 나를 한번 들여다보자"고 했어요. 나는 지금까지 어떤 인간관을 가지고 있었고, 이를 바탕으로 조직 구성원들을 어떻게 관리했는지 본인의 기본 가정과 행동을 살펴봤어요.

이 과정을 진행한 방식은 먼저 기본 가정에 관한 가이드 질문을 각 C레벨에게 전달드리고, 이 질문에 대해서 본인의 관점이 담긴 답변을 쓰게 했어요. 그 다음 우리의 사업 전략 달성에 필요한 관점은 무엇인지도 쓰게 했어요. 그 다음 개인의 관점과 사업 전략 달성에 필요한 관점의 차이를 목격하고 우리는 어떤 합의점을 도출해 나갈 것인가 고민했어요. 그 다음 인공물에 어떻게 연계가 되어야 하는지까지 함께 이야기하면서 〈원칙〉으로 정리가 됐던 거죠.

워크숍을 할 때는 기본 가정을 탐색하는 과정의 비중이 가장 컸어요. 서로의 기본 가정이 합치되면 그 이후부터는 진행

● 구글에 검색하면 누구나 무료로 다운받을 수 있다.

하기가 수월하거든요. 예전에 다른 회사에서 일할 때 답답함을 느꼈던 기억들이 기본 가정 탐색에 집중하는 계기가 됐어요.

답답했던 포인트가 어떤 것이었나요?

이전 제 직무는 커뮤니케이션 분야였어요. 대내외 커뮤니케이션을 담당했는데, 사내 홍보를 진행할 때 뭔가 아쉽다는 생각이 특히 많이 들었어요. 일은 열심히 하는데 실질적인 변화를 이뤄냈는지 확신이 서지 않았어요. 시간이 흐르고 보니 제 업무들은 인공물을 변형하는 것에만 집중되어 있었다는 걸 알게 됐죠.

우리 조직이 원하는 이상 문화의 실체가 없는 상태에서 저는 실무자의 관점에서 필요해 보이는 것을 고민하고 실행한 것 같아요. 일은 즐겁게 했지만 실질적인 영향력을 발휘하긴 어려웠던 거죠. 이상 문화를 정의해보겠다고 시도했지만, 제 권한으로는 최고 의사 결정 그룹의 기본 가정을 다루지 못하니 또 벽에 부딪히는 느낌이었고요.

한 회사가 일관된 조직문화를 갖추지 못하는 이유는 주요 의사 결정 권한을 나눠서 가지고 있는 C레벨들끼리 생각이 다르기 때문이에요. 예를 들어 CEO, CSO, CFO, COO 등 각자가 갖고 있는 신념과 가치관이 있는데 이것들이 정렬되지 않으면 각 조직들이 일하는 방식이 달라져요. 이런 이질적인 포인트를 잡으려면 결국은 기본 가정을 맞추고 여기에 정렬된 리더십이 발휘되어야 한다고 생각했던 거죠.

> **이런 과정을 거쳐 이상 문화가 정의된 다음에는 조직에 어떤 변화들이 생겼나요?**

〈원칙〉을 정의한 다음에는 리더십의 기준을 명확하게 세우고, 세 개 본부로 나뉘어져 있던 사업 조직을 하나의 사업부로 통폐합했어요. 여러 제도와 조직 운영 프로그램들을 새롭게 만들어진 〈원칙〉에 근거해서 운영하고 있고요. 〈원칙〉에 근거해서 우리 조직에서 절대 허용할 수 없는 행위는 적극적으로 대응하고 그 내용을 전사 공유하고 있어요.

물론 아직 변화의 초기 단계이기 때문에 조직이 혼란스러울 수밖에 없어요. 이런 변화를 반기는 분도 있고 그렇지 않은 분도 있을 것 같아요. 긍정적인 점은 1년 전 신규 입사자와 티타임을 했을 때 하는 이야기와 최근에 입사한 분들과 티타임을 했을 때 하는 이야기가 달라요. 제가 의도했던 이야기들이 많이 나오고 있어서 '우리가 가고 있는 방향이 옳구나'라는 생각을 해요.

저는 문화 관리가 어렵게 생각하면 어렵고 단순하게 생각하면 단순하다고 생각해요. 중요한 건 기준을 잡고 일관성 있게 지속하는 거예요. 어떤 장애물이 있어도 기준, 일관성, 지속성 세 가지를 가지고 정반합正反合의 과정을 거치면 원하는 문화를 만들 수 있다는 믿음을 가지고 있어요.

조직이 지향하는 문화가 자신과 맞지 않을 경우에는 자연스럽게 이탈하는 과정을 거칠 거라고 봐요. 예를 들어 제가 맡고 있는 Culture&People 그룹은 공유와 자율적 통제를 중요하게 여겨요. 구성원 모두가 이런 방식을 지키며 일하고 있어요. 공유하는 걸 부담스러워하거나 주도적으로 일을 이끌어가지 못한다면 다른 분들과 격차가 벌어질 수밖에 없어요. 이런 상황이 되면 아무도 뭐라고 하지 않아도 본인 스스로 불편함을 느낄 거예요. 저는 이게 문화의 힘이라고 생각해요.

> 포커스미디어의 원칙에는 조직 운영의 원칙을 만든 다음 세부 항목으로 수평 문화, 실패, 채용, 육성, 평가, 보상, 퇴사의 원칙을 명문화했는데요. 수많은 내용 중 수평 문화, 실패, 채용 등을 콕 집어서 명문화한 이유는 무엇인가요?

최근에 유행하는 컬처덱은 내용이 불충분하다고 생각했어요. 그런 가치들이 현실에서 작동하려면 조직 운영 관점에서 더 자세하게 정의가 되어야 해요. 특히 수평 문화와 실패는 사업 전략 수행을 위해서 꼭 필요한 신념이어서 따로 꼭지를 뽑았어요.

우선 수평 문화는 기본적으로 우리 조직이 갖고 있는 인간관과 연결되어 있어요. 해당 업무를 담당하는 사람이 자신의 목소리를 낼 수 있어야 일이 제대로 된다는 생각을 갖고 있거든요. 사업 전략 측면에서는 엘리베이터-TV 사업을 바탕으로 신사업을 시도해야 하는 단계인데, 이 사업이 잘되려면 각 분야의 전문가들이 자신의 영역에서 의견을 내면서 활약할 수 있어야 하고요.

풀 밸류체인Full Value Chain이라는 저희의 핵심 역량을 보아도 수평 문화가 반드시 필요했어요. 영업, 기획, 운영, 지원, 크리에이티브, IT 등 다양한 직무가 함께 풀 밸류체인의 가치를 만들어 내려면 서로의 다름에 대한 존중이 무조건 있어야 해요.

실패는 우리 조직의 DNA 그 자체예요. 이 조직이 성장해 온 스토리를 보면 없던 시장을 직접 만들면서 개척해 왔어요. 조직 안에서는 홈그라운드를 만들어 왔다는 표현을 하는데요, 관행에 늘 정면으로 부딪히면서 성장한 회사예요. 이 과정에서 여러 유의미한 실패가 성장의 디딤돌이 되었기 때문에 '실패에 대한 두려움을 갖고 있으면 안 된다'라는 생각이 매우 커요. 도전이라는 가치를 크게 생각하고요. 그래서 수평 문화와 실패는 다른 꼭지로 만들었어요.

채용, 육성 같은 인사 제도가 기본 가정에 맞게 운영되려면 제도를 수립하기 전에 방향성을 먼저 정의해야 해요. 앞으로는 〈원칙〉에서 정한 방향성에 맞춰서 인사 실무에서 조직을 운영하면 된다는 생각을 가지고 채용, 육성, 평가, 보상 같은 각 제도들의 목적을 적어놓은 식이죠.

> **마지막으로 이상 문화를 정의하고 조직에 뿌리내리게 하려는 조직문화 담당자들에게 조언을 부탁드립니다.**

담당자로서 가져야 할 마인드셋 관련해서는 첫 번째로 구조적 사고가 필요해요. 제가 《어댑티브 리더십》이라는 책을 정말 좋아해요. 거기에 '발코니에 올라'라는 챕터가 있어요. 무도회장에서 발생하는 문제의 원인을 발견하기 위해서는 무도회장이 아니라 무도회장이 보이는 발코니에 올라가서 봐야 해요. 그래야만 '저기는 사람이 너무 몰려 있어서 서로 발을 밟을 수밖에 없구나', '저기는 사람이 너무 없어서 춤을 추고 싶어도 못 추겠다' 같은 것들을 볼 수 있다는 거죠. 구조적 사고의 중요성을 언급한 부분이라고 생각했어요.

문화를 바꾸기 위해서 세 가지 요소인 기본 가정, 표방 가치, 인공물 간의 정렬이 중요해요. 답은 심플하지만 과정은 절대 쉽지 않아요. 어떤 활동 하나를 기획한다고 해서 인식이 절대 단번에 변화하지 않아요. 무언가를 할 때 병행되어야 하는 게 있는지, 아니면 꼭 선행되어야 하는 게 있는지에 대한 판단력이 중요해요. 변수들 간의 상관관계를 보고 거기서 일정한 패턴을 읽어내는 게 매우 중요한 역량이에요.

두 번째는 표리부동表裏不同을 주의해야 해요. 이상 문화는 현실과 간극이 당연히 있을 수밖에 없어요. 우리가 거기에 도달하지 못하더라도 그 방향을 향해 지속적으로 걸어가려는 시도는 해야 해요. 이 과정에서 발걸음이 느릴 수 있고 잘못된 방향으로 잠시 빠질 수도 있어요. 여기에서 파생되는 아픔과 고통은 우리가 감내한다고 보더라도 기본 가정과 인공물이 반대로 되어 있는 것들은 무조건 막아야 해요. 그렇지 않으면 썩은 사과 효과가 조직 내에 만연하게 되고 냉소적 태도가 순식간에 확산해요.

마지막으로는 회복 탄력성과 인내심, 쉽게 말해 맷집이 좋아야 해요. 조직문화 관리는 본질적으로 변화 관리예요. 그런데 변화 관리 이전에 이익을 얻었던 사람들, 즉 기득권은 어디에나 존재해요. 그들이 변화에 대응하는 1차적인 반응이 저항이란 말이죠. 대표, C레벨의 리더, 중간 리더, 일반 구성원 중 어디서든 저항이 발생할 수 있어요.

《어댑티브 리더십》에 이런 표현이 나와요. "망가진 조직은 없다. 모든 조직은 현재 상태가 만들어지도록 완벽하게 구조화되어 있다" 이 설명에 따라서 조직문화 담당자의 일을 보면 변화를 추구한다는 건 완벽하게 구조화되어 있는 조직에 균열을 내는 거예요. 당연히 아프고 고통스럽고 누군가는 저항을 해요. 우리가 미리 예측하고 대비하지 않으면 너무 지치게 돼요. 그래서 조직문화 담당자의 회복 탄력성과 인내심이 굉장히 중요한 것 같아요.

자율과 책임의
문화 만들기

코드스테이츠 People&Culture 팀
양경식 리더

이전 세대와 다른 가치관을 가진 젊은 구성원이 늘어나면서 많은 기업들이 조직 내 갈등을 겪고 있다. 갈등의 중심에는 전통적인 '관리와 통제' 문화가 있다. 자기 통제감을 중시하는 젊은 세대와 하나부터 열까지 상사의 승인을 받아야 하는 전통적인 문화는 충돌할 수밖에 없다.

'자율과 책임' 문화는 전통적인 '관리와 통제' 문화의 대안처럼 여겨지고 있다. 불필요한 규칙을 줄이고 최대한의 자율을 보장하는 넷플릭스의 '규칙 없음No Rules Rules' 문화는 국내 많은 기업들에게 영향을 주었다.

하지만 마음 한구석에 의구심이 생긴다. 과연 규칙 없이 개인의 자율에 맡기는 문화가 제대로 작동할 수 있을까? 코드스테이츠에서 실제로 자율과 책임의 문화를 구현하고 있는 People&Culture 팀 양경식 리더에게 물어보았다. 자율과 책임의 문화는 무엇이며, 진짜로 실현될 수 있는 것인지를.

> 코드스테이츠는 '자율과 책임의 문화'를 추구하는 '규칙 없음No
> Rules Rules'의 문화를 가지고 있습니다. 이러한 문화를 만든 이유
> 는 무엇인가요?

코드스테이츠의 미션은 '경제적, 사회적 배경에 상관없이 누구나 잠재력을 펼칠 수 있는 사회'입니다. 고정관념 또는 기존 사회의 틀을 벗어나는 시도이기에 매우 도전적이죠. 일상적인 수준의 성장으로는 도달하기 어렵고, 기존의 것을 파괴하는 수준의 '혁신'이 일어나야 합니다.

저와 창업자는 '사람들 중에는 일을 통해 자아실현을 하고 싶은 열망을 가진 사람들이 있다, 이런 사람들에게 몰입할 수 있는 환경과 목표를 제시하면 혁신을 이뤄낼 수 있다'는 가정을 가지고 있어요. 이런 가정에 부합하는 분들을 모아서 함께 일할 수 있다면 우리가 원하는 목표에 더 빨리 다가갈 수 있지 않을까라는 기대감을 가지고 코드스테이츠의 조직문화를 만들어 가고 있습니다.

일을 통해 자아실현을 하고 탁월한 수준의 결과물을 만들어내는 분들에게는 불필요한 규칙이 몰입을 저해할 뿐입니다. 탁월한 성과 창출에 집중할 수 있도록 규칙을 제거하고 최대한의 자율을 부여해서 구성원들이 몰입하며 즐겁게 일할 수 있도록 하고 있습니다.

> **자율과 책임의 문화가 구현되는 구체적인 장면을 소개해 주실 수 있을까요?**

2021년 초, 전체적인 인사 프로그램들을 개편하는 과정에서 각 팀이 '가장 몰입하고 최고의 성과를 낼 수 있게' 근무 장소를 유연하게 선택할 수 있도록 했어요. 크루들이 사무실, 집, 카페 어디서든 근무할 수 있고 근무 시간도 충분히 유연하게 선택할 수 있도록 했어요.

예를 들어 교육 세션을 진행하는 엔지니어, 데이터 분석가, PM 분들은 정해진 시간에 온라인 줌에서 교육을 진행하기 때문에 조용한 장소면 어느 곳이든 자신의 역할을 수행할 수 있어요. 조용한 장소가 꼭 사무실일 필요는 없거든요. 실제로 교육 팀에는 일주일 내내 원격 근무하는 구성원도 생겼어요. 그 덕에 주거지 선택의 폭도 넓어져서 지역의 경계에 갇히지 않고 더 좋은 분을 모실 수 있게 되었고요.

근무 시간도 팀에 따라 유연하게 운영하는 방향으로 바뀌면서 업무 중간에 개인적인 용무로 관공서나 은행을 방문하는 것도 가능해졌어요. 아이가 아파서 병원을 다녀와야 할 때는 잠시 자리를 비웠다가 다시 업무에 복귀해서 정해진 업무 시간을 채우고 퇴근하는 식으로 활용하고 있어요.

'이렇게 운영하면 협업이 잘될까?' 걱정할 수 있는데요. 이

부분은 리모트 근무 제도를 잘 운영할 수 있는 협업 툴과 협업 프로토콜Protocol 세팅을 통해 해결하고 있습니다. 대표적인 예시가 저희 팀이에요. 보통 인사팀이라고 하면 전사 재택근무와 무관하게 항상 사무실에서 일해야 한다고 생각하기 쉬워요. 저희 팀은 위클리 미팅과 특별히 사무실을 꼭 와야 하는 날을 제외하고는 각자 유연하게 오피스, 리모트 근무를 활용하며 일을 하고 있습니다. 대신 각자 떨어져서 일하더라도 논의가 필요하다면 언제든지 대화할 수 있도록 업무 체계를 마련해 두었어요.

> **자율과 책임의 문화를 만든다고 했을 때 가장 먼저 걱정되는 건 자유를 남용하는 구성원일 것 같아요. 실제로 이런 구성원이 있었나요?**

코드스테이츠는 원래도 점심 식대를 지원하는 제도가 존재했어요. 다만 하루마다 쓸 수 있는 한도가 정해져 있었고, 팀 단위로 법인 카드를 지급하고 식대를 결제하는 방식으로 운영됐어요. 제가 합류하고 난 뒤 근무 장소와 상관없이 정해진 예산 안에서 자유롭게 식대를 활용하는 방식으로 제도를 개편했어요. 점심 식대 지원 제도의 취지가 구성원들이 식사 걱정 없이 일에만 집중할 수 있게 하는 것이었음에도 재택근무할 때는 식대를 쓸 수 없는 어려움이 있었거든요.

개편 이후 일부 크루분들이 한도를 초과해서 사용하는 경우가 발생했어요. 이런 문제에 대해 저희는 핵심 가치 중 투명한 의사소통의 원칙에 따라 슬랙 메신저상 공개된 채널(#ask-team-people 채널, 모든 크루들이 P&C팀 크루들에게 문의 및 요청사항을 남길 수 있는 채널)에서 문의하고 대응하고 있어요. 이런 조치를 통해 실수를 할지라도 투명하게 공개하고 동료 간 합리적인 견제를 해서 서로 제도를 지킬 수 있는 환경을 만들었어요.

자율과 책임의 문화를 악용하는 크루분들이 계시더라도 적어도 세 번은 안내하고 지킬 수 있도록 하고 있어요. 우리 문화와 맞지 않는 행동을 하면 솔직하게 피드백을 드리고 있고요. 만약 그래도 바뀌지 않으면 이별까지도 고려해야 한다고 생각해요. 물론 코드스테이츠만의 조직 문화를 수호하기 위해 모든 크루가 노력하고 있어서 제도 남용에 대해서는 큰 문제가 발생하고 있지는 않습니다.

> 규칙이 꼭 필요한 부분도 있을 것 같거든요. 예를 들어 재무 처리는 규칙을 세세하게 만드는 회사들처럼요. 이 부분은 어떻게 운영하시나요?

넷플릭스 문화가 소개되면서 그런 이야기들이 있었잖아요. "모든 비용의 사용을 회사에 이로운 방향으로 하면 문제가 되지 않는다" 저희 역시도 예산을 사용하는 가이드라인을 포괄적이고 넓게 규정하고 있어요. 저희는 크게 세 가지 원칙을 가지고 있어요.

- 코드스테이츠의 모든 지출은 회사의 득이 되는 이로운 목적하에 이루어져야 한다.
- 크루들은 이런 방향성에 따라 스스로 책임있게 비용을 사용한다.
- 사회 윤리적으로 문제가 발생할 수 있는 지출은 절대 하지 않는다.

이 세 가지 원칙을 가지고 비용이 빠르게 집행되도록 하고 있어요. 업무에 제약이 생기거나 속도의 저하가 발생하지 않도록 조치하고 있고요. 이를 위해 재무를 담당하는 크루들은 모니터링한 내용을 공유하고, 문제가 될 수 있는 상황들을 빠르고 투명하게 피드백 하고 있어요.

> 조직이 성장하면 복잡도가 증가하면서 명확한 규칙을 만들고 싶다는 유혹이 커질 것 같아요. 이런 유혹에는 어떻게 대처하시나요?

저도 예전 회사에서는 조직이 커질수록 규칙이 많아져야 하는 게 아닐까 생각했어요. 요새 느끼는 것은 규칙의 근간이 되는 조직문화를 얼마나 중요하게 생각하는지에 따라 다를 수 있다는 거예요. 가령 '우리가 지향하는 가치와 원칙을 지키면서 일을 하는 것이 굉장히 중요하다, 지키지 않으면 그 사람이 일을 잘하든 인간적으로 좋은 사람이든 조직을 떠나야 한다' 정도의 기본 가정을 조직 내 구성원들이 갖고 있는지가 중요할 것 같아요. 이 정도로 조직문화를 중시한다면 조직문화가 보이지 않는 율법이 되어 명문화된 규칙을 충분히 대체할 수 있거든요. 그럴 경우, 오히려 혁신의 속도를 높일 수 있다고 생각해요.

코드스테이츠 조직 문화를 수호하고 크루들에게 확산시키는 인재는 조직 안에서 더 큰 역할과 권한, 책임, 보상을 가져가고, 반대로 지키지 못하는 사람들은 자신이 행사할 수 있는 영향력과 범위가 줄어드는 것을 명확히 체감해야 한다고 생각해요. 저희는 타운홀이나 노션, 슬랙 등의 커뮤니케이션 툴을 통해 크루들이 끊임없이 문화의 중요성을 인지할 수 있게 만들어 가고 있어요. 지금의 문화를 사랑하는 사람들이 존재하는 한 조직이 커질지라도 기본적인 원칙들을 지키며 그에 맞는 내실을 갖출 수 있을 것이라는 기대를 가지고 있거든요.

다만 '크루들이 조직문화를 중요하게 생각하니까 지켜지겠지'라고 안일하게 생각하면 분명히 문제가 생길 수 있으니 주의하고요. 피플팀이나 코드스테이츠의 리더십 크루들이 계속 강조해서 이야기하고, 문화적인 기준에 기반해서 그 사람의 역량과 성과에 대한 피드백이 오갈 수 있도록 하고 있어요.

또한, 다양한 장치를 통해 문화가 공유되고 흐르며 실행될 수 있도록 집중하고 있어요. 동료간 리뷰 제도를 하나의 예로 말할 수 있어요. 우리 조직 문화에 맞춰 일을 잘하는 사람은 동료들에게 좋은 피드백을 받을 수밖에 없고 반대로 정렬Align되지 못하거나 문화를 파괴하는 사례가 발생하면 동료들에게 자연스레 부정적인 피드백을 받아요. '당신과 함께 일할 때 이런 것들이 문제가 된다'는 식으로요. 이런 건강한 동료 압박이 존재하기 때문에 아주 심각한 수준의 부작용이 나오기는 구조적으로 어려워요.

> **리더십 그룹의 철학과 의지가 없다면 보다 일반적인 관리와 통제 중심의 문화로 돌아가기 쉬울 것 같다는 생각이 드네요.**

자율과 책임의 문화를 운영하는 난이도 자체는 정말 높고 많은 인내가 필요하다고 생각해요. 특히 자유를 남용하는 사례가 하나둘 생길 때마다 리더나 경영진은 당연히 실망할 수밖에 없죠. 서로의 신뢰를 깬 거니까요. '우리가 이렇게까지 했는데 어떻게 그럴 수 있지?'라는 생각이 들겠죠. 하지만 그런 것들에 흔들리지 않고 원칙을 지켜나갈 수 있는 뚝심이 중요한 것 같아요. 우리가 어떤 조직을 만들겠다는 철학을 가지고 시작한 거니까요. 목표를 달성하는 과정에서 원하는 기대

효과를 달성할 때까지 꾸준히 밀고 나가는 용기와 의지도 필요하다고 생각해요.

저는 기본적으로 '직무 스킬은 개인의 의지만 있다면 얼마든지 성장할 수 있지만 태도는 절대 변하지 않는다'는 생각을 하고 있어요. 지원자가 태도적인 측면에서 우리 조직의 문화 방향성과 일치하는 사람인지 적합성을 검증하고, 적합도가 매우 높은 분을 모시는 데 집중하고 있습니다. 문화 적합도 검증을 위해 서류 전형에서는 사전 에세이 질문 세 가지를 드리고 작성하도록 하고 있고요. 인터뷰 과정에서는 기존 크루들 중에 조직 적합도가 높은 분들이 보여 주는 행동 특성에 기반한 구조화 인터뷰를 하고 있어요.

직무 적합도는 총 세 번의 과정을 거치면서 검증하고 있습니다. 1차 직무 인터뷰, 2차 스몰 프로젝트 전형, 3차 직무 심화 인터뷰로 이뤄지고 있어요. 특히 중간에 진행하는 스몰 프로젝트 전형에서는 팀에 합류하면 실제로 풀어야 하는 문제와 아주 유사한 문제를 내서 스몰 프로젝트를 대하는 방식이나 문제를 정의하고 해결하기 위해 접근하는 방식, 산출물의

질적 수준을 보고 있어요. 그 과정을 통해 직무 적합도를 예측하고 있습니다.

채용 프로세스는 평균 3~4주 정도 소요돼요. 채용 과정을 간소화하거나 채용의 기준을 낮추는 방향으로 타협하면 향후에 감당해야 하는 리스크가 훨씬 더 늘어난다고 생각해요. 우선 충분한 시간을 투자해서 회사에 대해 자세히 알려드리고 우리 회사가 본인의 커리어 선택에 있어서 좋은 옵션이 될 수 있다는 걸 설명합니다. 여기까지 설득이 된다면 지원자가 우리가 해결해야 하는 문제를 풀 수 있는 역량을 갖춘 분인지 충분히 확인하는 게 중요하다고 생각해요. 그래야 회사와 지원자 모두 만족할 만한 결과를 얻을 수 있어요. 다만 채용 과정의 전체 시간을 최대한 줄일 수 있는 방법은 계속 고민하고 있어요.

실제로 후보자, 합격자, 불합격자 모두에게 경험 서베이를 진행하며 의견을 듣고 있는데요. 채용 과정이 길다는 의견이 있지만, 이 조직이 실제로 어떻게 일하고, 어떤 문화를 가지고 있는지 채용 프로세스를 진행하면서 상세하게 알 수 있어서 입사 이후 적응하는 데 크게 어려움이 없었다는 좋은 피드백도 많이 받고 있습니다. 후보자가 지원했을 때부터 온보딩이 시작된다는 개념으로 접근하다 보니 이런 피드백이 나오는 것 같아요.

최소 2년 정도의 사업 목표는 리더십과 경영진의 의견을 토대로 로드맵이 수립되어 있어요. 올해, 내년, 내후년까지 가야 할 명확한 지점들은 이미 찍혀져 있는 상태인 거죠. 그 안에서 반기별 OKR 목표를 세팅하고 있어요. 2020년 하반기부터 OKR을 도입했는데 초기에는 경영진이나 리더십도 OKR에 대한 이해도가 낮았기 때문에 광장히 우왕좌왕했어요. 지금은 두세 번 세팅하면서 내부에서 쌓은 인사이트가 있어 점차 성숙도가 높아지고 있고요.

OKR은 전사 OKR과 팀 OKR로 나눠져 있습니다. 전사 OKR을 통해 전체적인 사업 목표를 달성하기 위한 목표를 세워요. 전사 OKR을 세우는 주체는 각 사업부의 가장 많은 정보를 가지고 있는 경영진 팀이에요. 그 다음에 전사 OKR을 달성하기 위해 팀마다 할 수 있는 역할을 팀 OKR로 만들어요. 팀 OKR은 전사 목표 달성을 위해 우리가 뭘 해야 할까, 뭘 할 수 있을까에 기반하여 크루들이 자율적으로 설정하고 의견을 나누며 상향식Bottom up으로 설정하고 있어요. 저희는 OKR이 위와 아래에서 만나는 구조로 되어 있어요.

OKR은 조직 내에서 구성원들에게 큰 도로 역할을 한다고 보면 될 것 같아요. 우리가 상반기에 달성해야 할 목표가 정해져 있고, 지표를 달성하기 위해 무엇을 실행해야 할까는 각 팀의 리더와 구성원의 자율에 맡기고 있습니다. 실무자가 목표를 달성하는데 A가 적합하다고 생각하면 그걸 추진할 수 있게 도와드려요. 팀 리더는 서로 정렬되지 않은 방향으로 일이 진행되지 않도록 지속적으로 피드백을 드립니다. 대체로 목표를 달성하는 실행 업무들은 각 실무자 분들이 주도적으로 해나가고 있다고 보시면 될 것 같아요.

OKR은 Objective라는 큰 목표와 그것이 얼마나 달성되었는지 측정 가능한 Key Result라는 핵심 지표가 있다 보니 지향점과 방향성이 명확해져요. 예를 들어 핵심 지표가 '올해 계약 성사 금액을 몇 백억 달성한다'면 그 지표만 보고 일하면 되니까 방향성을 맞추는데 도움이 됐어요.

일을 하다 보면 실무에 매몰되어서 목표와 멀어지는 경우가 생겨요. 이걸 방지하려면 목표를 계속 볼 수 있게 시각화하는 게 중요해요. 회사 내부에서 사용하는 업무 툴에서도 OKR 지표를 볼 수 있고, OKR 지표만 추적하는 BizOps라는 팀이 따로 있어요. 각 사업부, 팀에서 지표를 달성하기 위해 어떤 문제를 해결해야 할지 제안하는 역할이에요. 팀 내에서도 지속적으로 정렬하려는 노력이 뒷받침되어야 합니다. 가령 P&C팀은 격주로 OKR 진척도를 체크하고, 피드백을 주고

받는 시간을 가지고 있어요.

> 높은 수준의 자율성을 부여하는 조직일수록 R&R이 모호하면
> 여러 혼란이 생길 수 있을 것 같은데요, 코드스테이츠에서는 이
> 문제를 어떻게 해결하고 계신가요?

R&R의 분배 역시 목표를 달성하는 과정에서 팀의 리더분
들이 이 역할을 누가 가장 잘 할지 파악한 다음 역할을 정해
요. 저희는 구성원의 강점에 기반해서 역할을 분배하려고 노
력하는 편이에요. 역할 분배 관련해서는 누구는 중요한 역할
을 하고, 누구는 중요하지 않은 역할을 하고 있다는 이야기가
나오기 쉬워요. 이런 문제를 해결하기 위해서는 각자의 역할
이 목표를 달성하는 데 있어서 어떤 의미를 갖는지 리더와 구
성원들이 주기적으로 충분히 소통하고 목표와 정렬하는 게
중요하다고 생각해요.

리더분들에게 항상 강조하는 게 있어요. 팀의 리더와 각 크
루들이 적어도 월 1회 1대1 면담을 하는데 그 과정에서 구성
원들이 하는 일이 팀 목표 달성에 어떻게 기여하는지를 충분
히 알려드리고 자신의 일에서 의미를 찾을 수 있도록 해달라
고 말씀드려요. 서로 이야기를 나누는 과정에서 아쉬운 점들
이나 앞으로 성장할 수 있는 지점에 대해서도 논의를 하면서
적극적으로 지원하는 방법으로 접근하고 있습니다.

1대1 면담은 크루들을 위한 것이기도 해요. 1대1 면담을 통해 크루들은 업무나 일상에서의 어려움을 이야기할 수 있고, 팀 내에서의 역할을 함께 고민할 수 있어요. 서로에 대한 이해가 기반이 될 때 목표와의 정렬, R&R의 분배 모두 잘 이뤄질 수 있어요.

> 저는 무조건적인 자율은 자칫하면 방임이 될 수 있다고 생각하거든요. 예를 들어 업무 숙련도가 떨어지는 신입 사원에게 너무 많은 자율을 주고 알아서 하라고 한다면 무책임한 것 아닌가? 라는 생각을 한 적이 있어요. 개인의 역량에 따라 자율과 책임이 차등적으로 주어지는 것에 대해 어떻게 생각하시나요.

기본적으로는 모두에게 최대한 동등하게 자율성이 주어지는 환경과 문화를 지향하고 있고요. 다만 성장하는 스타트업의 특성상 현실적인 어려움은 존재하는 것 같아요. 저는 각 구성원들의 역량 수준에서 해낼 수 있는 업무 범위가 어느정도는 정해져 있다고 생각해요. 다만 그 선에 구성원을 한정하지 않고 점점 넓혀 나갈 수 있도록 성장하게 만드는 게 리더의 중요한 역할 중 하나라고 생각해요.

특히 그 사람의 역량이 100일 때 100을 할 수 있는 기회를 주기 보다는 20~30 정도 여유를 더 얹어서 130 정도는 주라고 리더분들에게 이야기해요. 왜냐면 구성원들 중에는 기대

수준 이상 일을 해내는 분들이 분명히 있어요. 저희 팀에 갓 대학을 졸업하고 리크루터로 입사한 분이 있는데 100을 기대했는데 150~200을 해내시는 거예요. 제가 대학 졸업하고 처음 일을 시작했을 때의 경험에 비추어 봤을 때 저 사람이 할 수 있는 역할에 한계가 있을 것이라고 생각했어요. 그런데 기대한 것 이상으로 해내며 성장한 거죠.

예전에는 저도 자율과 책임이 차등적으로 주어져야 한다, 사람들이 할 수 있는 잠재력이 명확하다고 생각했어요. 그래서 회사의 성장이 잘 안되면 저도 모르게 구성원들이 아직 탁월하지 못해서 그런 게 아닌가하는 생각을 많이 했어요. 제 자신에게도 그랬고요. '우리들의 역량이 부족해서 그런 걸까?'라는 생각을 많이 했는데 몇 년 지나고 그때 같이 일했던 분들이 저보다 훨씬 좋은 회사에서 큰 역할을 해내는 것을 보면서 생각을 바꾸었어요. 사람의 잠재력을 내가 절대 함부로 판단해서는 안 되겠구나 생각했어요.

처음에 회사에 합류해서 리더분들이랑 이야기해 보니 의외로 보수적인 분들이 많았어요. "우리 팀 크루들은 그 정도는 안 될 것 같은데"라고 이야기하는 분들도 있었고요. 그런 분들에게 "리더인 당신이 한계를 정하면 그 사람은 그 정도 밖에 못 한다. 적어도 기회를 주고 한계를 느끼면 그때 가서 생각하자. 충분히 실험해 보지 않고 선입견만으로 판단하는 건 굉장히 큰 제약이 될 수 있다"는 이야기를 계속 나누었던 것 같아요.

자율과 책임의 문화 조성을 고민하는 담당자에게 꼭 필요한 조언을 해주신다면 어떤 게 있을까요?

보통 이런 문화를 만드는 건 고성과를 지향하기 위해서잖아요. 성과를 만들려면 위임과 신뢰가 먼저 있어야 해요. 그런데 많은 스타트업 대표님들이랑 이야기하다 보면 앞뒤가 바뀌어 있어요. "나는 구성원들한테 자율을 주고 싶은데 그들이 먼저 성과를 만든 다음에 요구를 해야지"라고 하세요. 성과를 만들어야 신뢰를 주겠다는 건데, 자율과 책임의 문화가 자리 잡으려면 성과보다는 신뢰가 먼저라고 생각해요. 애초에 그러한 신뢰 안에서 잘 할 수 있는 사람을 채용하면 해결할 수 있는 문제죠.

국내에서 이런 조직문화를 잘 만든 것으로 알려진 토스가 구성원들에게 '너희가 성과를 만들어 낸다면 최고 수준의 자율을 줄게'라고 했을까요? 저는 아니라고 보거든요. 과감히 신뢰를 주고, 그걸 못하는 사람과는 빨리 이별하면서 자유를 충분히 누리며 탁월한 결과를 만들어 낼 수 있는 역량과 태도를 지닌 사람을 모아가며 조직을 만들었기 때문에 빠르게 성장했다고 생각해요.

누군가는 먼저 줄 수 있는 용기와 결단력이 반드시 필요해요. 결과가 나올 때까지 기다릴 수 있는 인내와 뚝심이 있는지, 그리고 그 과정에서 끊임없이 구성원과 소통하며 함께 문제를 해결해 나가는지가 이 문화를 성공시키는 핵심인 것 같아요. 중간에 흔들리면 정말로 돌이킬 수 없다고 생각하거든요. 그렇게 되면 결국 규칙이 많은 문화로 갈 수밖에 없어요.

재택 환경에서
신뢰를 지키는 문화 만들기

민병철교육그룹(BCM) 경영지원팀
유민 시니어 리드

코로나19가 일하는 방식의 많은 것을 바꾸었다. 대표적인 것이 먼 미래의 일로 여겨졌던 원격 근무Remote work를 강제로 현실에 정착시킨 일이다. '과연 집에서 일을 할 수 있을까?' 하는 의심은 '충분히 할 수 있구나'라는 확신으로 바뀌었다.

전화 영어 민병철유폰을 서비스하는 민병철교육그룹(BCM)은 코로나19 시기 전 직원 재택근무를 실시한 뒤 어느 곳에서도 일할 수 있는 WFAWork From Anywhere 제도를 공식화했다. 코로나19가 끝나도 사무실에 출근하지 않고 자신이 원하는 곳에서 일할 수 있는 제도다. 민병철교육그룹은 원격근무에서 어떤 장점을 보았기에 WFA 제도를 공식화한 것일까? 민병철교육그룹에서 경영지원팀 시니어 리드로 일하고 있는 유민 님에게 WFA 제도에 대해 자세히 들어보았다.

민병철교육그룹의 WFA 제도를 모르는 분들을 위해 어떤 제도인지 설명해 주시겠어요?

말 그대로 내가 어디에서나 일을 할 수 있는 자율 근무 환경 제도예요. 여기서 핵심은 일하는 공간을 집으로만 한정하지 않는다는 거죠. WFA를 시행하고 나서 구성원들이 "우리는 전사 재택근무를 해"라고 이야기하시지만 엄밀히 말하면 재택근무가 아니라 원격 근무예요. 코로나19로 인해 대부분 집에서 일을 하니까 그렇게 인지하시지만 제주도, 해외에서 일해도 돼요. 핵심은 '당신들은 모두 프로이고 일이 가장 잘 되는 곳에서 일을 하라'는 의미예요.

내가 어디에서 일할지 능동적으로 선택한다는 점에서 개인의 업무 생산성, 효율성이 올라갈 수 있어요. 대신 회사는 '자율적인 만큼 너는 필요한 일을 성공적으로 수행해 줘'라는 의미를 알려 주는 거죠. 결국에는 직원과 회사 모두가 승리하는 Win-Win 문화적인 장치라고 할 수 있어요. 이 제도는 우리 조직 구조와 업무 방식의 근원적인 두 가지 가치, 자율과 책임에 기반해요.

> 본격적인 WFA 제도 도입 이전에 먼저 2020년도에 재택근무
> 를 실시한 것으로 알고 있는데, 그때 재택근무 도입이라는 의사
> 결정을 하게 된 배경이 궁금합니다.

민병철교육그룹의 가장 중요한 1순위는 직원의 안전과 건
강이에요. 안전과 건강에 직접적으로 연관된 의사 결정을 해
야 한다면, 이 가치를 우선적으로 생각해요. 실제로 CEO도
"직원의 안전과 건강이 굉장히 중요하다"는 이야기를 평소에
많이 해요. 아파서 당일에 갑자기 연차를 쓰거나, 근무 중 병
원을 가기 위해 잠시 자리를 비우는 것을 이해하고요. '네가
컨디션이 안 좋으면 쉬어야지', '집과 가족이 먼저지' 이런 인
지가 기본적으로 조직 전체에 깔려 있어요.

안전과 건강을 중시하는 문화는 회사의 미션과도 관련이
있어요. "위닝 팀Winning Team을 통해 최고의 영어 교육 UX를 만
든다"가 민병철교육그룹의 미션인데요. 이 문장을 자세히 들
여다보면 두 부분으로 나눠져요. '위닝 팀을 만들어서', '최고
의 영어 교육 UX를 만드는'. 즉, 최고의 영어 교육 UX는 위닝
팀에서 시작해요. 이 위닝 팀의 요소는 결국 직원들이잖아요.
이 사람들이 온전해야 위닝 팀이 만들어지는 것이기 때문에
팀원을 굉장히 중요하게 생각하는 거죠. 그래서 직원들의 안
전과 건강을 위해 2020년 2월 말에 국가 위기 경보가 '심각'으
로 바뀌면서 전사 재택근무를 도입했어요.

저희는 미션과 핵심 가치에 집착하고 그것에 따라서 의사 결정을 하려고 굉장히 노력해요. 저희 회사의 잡플래닛이나 블라인드 리뷰의 단점을 보면 "핵심 가치가 종교인 줄 안다" 이런 말들이 있을 정도예요. 저는 그 말이 맞다고 생각해요. 종교가 변하지 않는 신념과 가치를 따르기로 결심하고 행동하는 일이라면, 조직에게 그 변치 않는 북극성은 핵심 가치거든요. 어떻게 보면 핵심 가치에 따라 문화를 구축하는 일은 조직의 종교를 만드는 일이라고 표현할 수도 있겠네요.

다만 조직이 그 가치의 '창조주'로서 일방적인 전달을 하는 것이 아니라, 조직 내의 모두가 이해하고 동의하고 준수할 수 있는 우리만의 가치, 그 가치가 작동하는 업무방식과 구조를 함께 만들어 가야 해요. 이 부분이 가장 어렵고, 시행착오 중이고, 최고의 답도 아직 모르겠어요.

하지만 저희 민병철교육그룹은 이 어려운 길을 군이 걸어서라도 조직의 문화를 지키려고 해요. 위닝 팀을 만들었을 때 좋은 퍼포먼스가 나온다고 굳게 믿고 있어요. 좋은 문화를 만드는 것은 민병철교육그룹의 굉장히 중요한 사업적 전략 중 하나예요. 실제로 저희 회사 밸류 사이클의 시작은 위닝 팀에서 시작해요.

> 현실적으로 재택근무를 활성화하려면 일하는 방식의 변화도
> 필요했을 것 같은데 이런 문제는 어떻게 해결하셨나요?

저희는 2012년부터 베이스캠프라는 협업 툴을 활용해서 정보를 공유하며 일하고 있었어요. 인터넷만 연결되면 사무실과 동일하게 일을 할 수 있는 환경이 이미 갖춰져 있었죠. 그래서 갑자기 재택으로 전환해도 크게 무리 없이 업무를 진행할 수 있었어요.

> WFA 제도가 작동하기 위해서는 '눈에 보이지 않아도 동료가
> 최선을 다하고 있을 거다'라는 신뢰가 중요할 것 같아요. 이 신
> 뢰를 만들기 위해서 어떤 노력을 기울이셨나요?

상대방이 열심히 일을 하고 있는 걸 계속 확인하면 자연스럽게 안심을 하잖아요. 그런데 사람은 정말 간사해서 눈에 보이지 않으면 믿기 힘들어해요. 각자 알아서 잘 하리라고 생각하면서도 막연한 불안감이 생기는 것이 사실이거든요. '저 사람은 집에서 뭘 하길래 메신저 답이 늦지?' 이런 식으로요. 저희는 이 '불안'을 피하기 보다 '그럴 수 있는 당연한 감정'으로 수용하고 '어떻게 우리 사이에서 이런 불안감을 없앨 수 있을

까?'의 관점에서 고민했어요.

우선은 보이지 않는 게 문제라면 아주 단순하게 '시각적으로 보여 주자'는 생각을 했는데, 2020년 전사 재택근무 당시 직원 분들과 같이 해보자고 했던 건 베이스캠프에 그날 할 일을 To-do list로 정리해서 올리는 거였어요. 베이스캠프에 To-do를 쓰고 완료하면 전사 업무 타임라인에서 볼 수 있어요. 그것 자체가 개인에게도 타인에게도 굉장히 시각적인 임팩트를 줘요. 퇴근 시간 즈음 100여 명이 작성한 몇백 개의 To-do가 완료되는 것을 보고 있으면 '와 오늘 이만큼의 일이 이렇게 진척됐구나', '다들 진짜 열심히 일하고 있구나' 체감하게 돼요.

사실 집에 있으면 느슨해지기 쉽잖아요. 그런데 To-do list를 활용하면 출퇴근 전에 내 과업과 일정을 정리하면서 계속 업무를 놓치지 않는 장치가 되는 거죠. 특히 재택근무 초기에는 팀 리더들을 통해서 이런 의도와 맥락을 계속해서 전달하려고 했어요.

이런 장치는 맥락이 중요할 것 같아요. '내가 스스로 셀프 매니징한다'는 맥락으로 구성원들에게 인식되면 상관없지만 자칫 잘못하면 '회사가 나를 감시하기 위해서 To-do list를 올리라고 한다'고 생각할 수도 있잖아요. 미묘하지만 큰 차이가 있거든요. 이런 부분은 어떻게 커뮤니케이션하셨나요?

사실 조직문화 담당자가 선한 의도를 갖고 커뮤니케이션해도 다르게 이해하는 분들은 있을 수 있어요. 그런 분들을 집중적으로 설득하기 보다 있는 그대로의 의도를 이해하고 함께 한번 해보려는 분들을 더 지원하는 방향으로 에너지를 쓰려고 해요.

원론적인 이야기지만 저희의 순수한 의도를 더 많은 분들이 더 쉽게 공감하실 수 있도록 진정성 있게 설명하는 수밖에 없어요. 많은 분이 말씀하시는 '배경과 맥락의 설명'이 답이에요. "오늘부터 재택을 하니까 업무를 To-do list로 정리해서 매일매일 퇴근하기 전에 완료 표시를 하고 가십시오"라고만 공지를 올리면 간단하죠. 하지만 그 전에 왜 이렇게 해야 하는지에 대한 'Why'를 충분하게 설명하는 거예요. 사람은 결코 결과와 효율만으로 움직이지 않아요. 상대가 나와 다르게 어떻게 생각하는지를 이해해야 하고, 이 변화와 행동이 나에게 왜 이로울지를 감정적으로 납득해야 움직여요.

저희가 또 하나 이야기하는 건 '좋은 제도나 좋은 회사를 만들고 싶다면 그건 그냥 내가 만들면 된다', '좋은 문화는 컬처팀만이 만드는 것이 아니다'는 거예요. 저는 저희 팀 동료들과 이야기를 할 때 종종 "어디까지가 회사야?"라고 물어요.

일반적으로 사람들은 회사가 직원을 감시한다고 생각하지만, 사실 자기 자신도 회사거든요. '회사가 이상해'라고 말할 때 조직 자체의 시스템에 대한 얘기도 있었겠지만 같이 일하는 사람들을 생각하고 '회사가 이상해'라고 말해본 적 있지 않으신가요? 조직 전반으로 봤을 땐 엉망이지만 내가 속한 팀만 보면 분위기가 좋아서 버틴 적도 있을 거예요. 이 말은 내 주변부터 얼마든지 좋은 문화와 좋은 회사를 만들 수 있다는 뜻이에요. 그런 차원에서 동료 분들께 '좋은 회사를 만들고 싶으면 나부터 바뀌면 돼', '내가 그 좋은 문화에서 일을 하고 싶으면 일단 나부터 그 좋은 방식으로 일을 해보자'라는 이야기를 굉장히 많이 해요.

대부분은 이미 만들어진 완벽한 제도나 분위기 속에 들어오고 싶지 군이 조직의 변화를 직접 만들고 싶어 하지는 않을 거예요. 그런데도 "네가 바라는 좋은 문화의 모습이 있으면 그 모습처럼 행동을 하라"는 얘기를 굉장히 많이 해드릴 수밖에 없어요. 개인들도 같이 바뀌어야 전체 조직이 바뀌는 거지 조직문화 담당자 혼자 뛴다고 해서, 시스템이나 제도만 바꾼다고 해서 조직이 달라지지 않거든요.

소통 방법을 수시로 재점검해 보고 있어요. 먼저 원격 근무를 할 때 메신저를 활용한 소통은 '비동기 커뮤니케이션'이 기본이라는 점을 조직 전반에 상기했어요. 상대가 미팅 중이면 바로 응답이 오지 않을 수 있다는 점을 이해하고 메신저 상태 값을 더 적극적으로 활용하게 권장했어요. 방해 금지 모드, 미팅 중, 면접 중, 연차 중 같은 식으로요. 무엇보다 원격 근무 중에는 메신저 소통량 자체가 필연적으로 많아지게 되는데요, "안녕하세요" 인사한 뒤 상대의 답을 기다리지 말고 내가 요청하고 확인하고 싶은 핵심 내용을 한 번에 써서 메시지를 드리도록 권장하고 있어요.

온라인 미팅도 더 효율적으로 하기 위해 미팅 그라운드 룰을 계속해서 점검 중이에요. 정해진 미팅 시간 정확히 지키기, 사전 어젠다 상세하게 공유하기, 미팅 참석자들은 어젠다를 반드시 확인하기 같은 규칙들이에요. 미팅 시작 시에 해당 미팅을 리드하는 분들이 미팅 그라운드 룰을 동료들에게 직접 소개하고 리마인드하도록 했어요.

출근 시간도 오전 9시로 통일했어요. 사무실 출근 시에는 8~10시 사이에 30분 단위로 선택을 하고 있었거든요. 그런데 저희도 떨어져서 일을 해보는 것이 처음이었기 때문에 리스크 감소의 차원에서 커뮤니케이션 비용을 줄이고 싶었어요. 무엇보다 집에 홀로 앉아 있어도 우리는 함께 같은 시간에 같이 일을 시작한다는 느낌을 주고 싶었어요.

그리고 9시에 그냥 컴퓨터를 켜서 업무를 시작하는 게 아니라 9시에 팀 별로 화상 회의를 활용한 아침 미팅을 진행했어요. 일과 사생활이 분리가 되지 않는 집이라는 공간에서 어떤 특정 시간에 특정 행위를 계속 반복하게 하는 거예요. 나도 모르게 평일 9시에는 일하는 자리에 앉아서 노트북을 켜고 화상 미팅을 한다가 리추얼Ritual이 되거든요. '지금 업무 모드로 일이 시작됐군. 어쨌거나 나는 일을 시작을 했다'라는 인지를 주고 싶었어요.

이런 장치가 가져온 또 다른 긍정적인 효과들이 있었을까요?

아침에 무조건 다 모여서 인사하는 시간을 가져야 되다 보니까 한 마디라도 더 나누게 돼요. 리모트 워크의 약점은 일 이야기 말고 다른 이야기를 할 기회가 많이 없다는 점이에요. 다들 바쁘니까 온라인 업무 회의를 위한 링크를 열면 딱 일 얘기만 하게 돼요. 오프라인에서 일을 할 때는 그렇지 않아요.

회의 시간 5분 전부터 서서히 모이면서 '회사 옆에 새로 생긴 카페 가 봤어?' 이런 얘기를 하면서 일상적인 대화를 나누잖 아요. 리모트 업무 환경에서는 일상적 대화를 나눌 시간이 부 족하기 때문에 아침 미팅에서라도 하는 거예요.

다른 사람과 친밀해지고 그 사람에 대해서 알아 간다는 생 각이 들 때는 업무 얘기할 때가 아니라 이런 일상적인 이야기 들을 할 때거든요. 이런 이야기를 통해 그 사람의 성향과 강점 을 알고 업무, 소통 방식을 이해하게 될 때 그 사람이 조금 더 편안하게 느껴져요. 팀워크가 발생하는 순간이죠.

모든 일상을 공유할 필요는 없지만, '나는 어떤 사람, 이렇 게 일하는 사람'이라는 대화를 나눠서 관계를 형성해야 업무 이야기를 할 때 한마디 건네기도 더 쉬워져요. 결국은 일상적 대화가 일을 하는 데 있어서 윤활유 역할을 해요.

> **이외에도 다양한 수단을 통해 맥락을 공유하신 걸로 알고 있는 데 구체적으로 어떤 방법을 활용하셨나요?**

코로나19가 초기 확산되던 때, 지금보다 더 무섭고 불안했 잖아요. 팬데믹이 언제까지 지속될지 알 수 없던 상황이어서 직원들이 굉장히 불안해했어요. '비즈니스가 정상화 될까?' 라는 불안함도 굉장히 컸고요. 이런 상황 속에서 중심을 잡기 위해 CEO가 전사, 부서별 타운홀 미팅을 굉장히 많이 진행했어요. 2020년에 70번 가까이, 주 1회 이상 한 거죠.

타운홀 미팅 때는 현재 진행 중인 프로젝트의 진척 상황, 비즈니스 우선순위는 무엇인지 직원 분들이 CEO에게 직접 물어요. 멘탈 관리, 스트레스 해소, 요새 보는 책과 유튜브, 심지어는 MBTI도 CEO에게 물어보고요. 이런 소통의 시간이 직원들의 불안을 잠재우고 방향성을 결속시키는 역할을 했어요.

> **재택근무 이후로 자율 근무 환경 제도를 의미하는 WFA를 공식 선언하게 되었는데 어떤 이유였나요?**

일단 CEO의 의지가 제일 컸어요. 컬처 파트도 2020년 9월부터 리모트 워크의 제도화에 대한 가능성을 검토하고 제안해볼 준비를 하고 있었는데, 마침 CEO가 WFA 제도를 한번 고민해보는 게 좋겠다는 의견을 먼저 주셨어요. 코로나19라는 외부 요인으로 갑자기 임시 재택근무를 하게 됐지만, '어, 잠시만, 이렇게도 일이 잘 되네? 그러면 WFA를 지금 바로 못할 이유가 뭐지?'라는 생각을 모두 했던 것 같아요. 2020년 9월부터 검토를 본격적으로 시작해서 2021년 3월 공식적인 제도로 발표했어요.

WFA 제도 도입을 생각할 수 있었던 가장 큰 이유는 갑작스러운 재택근무 상황에서도 정말 헌신적으로 열심히 일한 직원들 덕분이에요. Play, UFO라는 새로운 형태의 비즈니스 가능성에 대한 실험도 잘 됐고요. 무엇보다 제일 큰 건 2년 넘게 전사 모든 직원이 열심히 준비한 신규 서비스 민병철유폰 3.0이 2020년 12월 31일에 론칭했어요.

떨어져서 일하면서도 '우리가 이렇게 서로 믿고 일하면 충분히 좋은 결과물을 만들어 나갈 수 있구나'를 경험했기 때문에 근무하는 장소에 구애받지 않고 일할 수 있겠다는 확신을 갖게 됐던 것 같아요. 조직은 먼저 사람들을 신뢰했고, 사람들은 믿어준 만큼 열심히 했고요. 그 과정에서 다른 더 큰 일들을 자율 근무 환경 형태로도 충분히 할 수 있겠다고 생각되어 공식적인 제도화를 하게 된 거죠.

회사에서 먼저 믿어줬다는 게 핵심인 것 같아요.

"네가 잘하면 믿어 줄게"는 비겁한 말이라고 생각해요. 이 말을 하는 때는 어쨌거나 변화가 필요함을 다들 알고 있는 상황인 거잖아요? 그런데 그 변화를 한다는 건 '나는 문제없고 네가 먼저 바뀌어'라는 관점이잖아요. 엄청 이기적인 발상인 거죠. '나도 문제 있고 너도 문제 있을 수 있어. 그런데 나는 너를 신뢰해. 너도 나를 믿어 줄래? 우리 한번 같이 잘해보지 않을래?'가 옳은 접근이라고 생각해요. 나도 바뀌고 너도 바뀌어야 모두 다 잘 되는 거잖아요. 그래서 조직에서는 '우리는 너희들을 믿고 있어'라는 선한 마음을 계속해서 보여주는 게 굉장히 필요한 일인 것 같아요.

> **WFA 실시 이후에 혹시 일을 하는데 문제가 생기거나 업무 효율이 떨어지는 현상은 없었나요?**

요새 재택근무가 우리나라뿐만 아니라 세계적으로 많아지면서 업무 생산성이나 효율성이 떨어진다는 연구들도 많이 나오잖아요. 실제로 집에서만 일을 하면서 어려움을 겪는 분들이 계세요.

그런데 개인적인 생각으로는 어떤 사람들이 이 제도를 활용하는가에 따라 결과가 다를 수 있다고 생각해요. 서로를 신뢰하고 열심히 하려고 하는 사람은 프로잖아요. 이런 분들의 퍼포먼스는 근무 형태나 환경에 따라서 결코 달라진다고 생각하지 않아요. 일을 할 장소에 대한 자율이 있고, 내가 선택하는 거니까요.

WFA 제도는 사실 어려운 것 같아요. 조직이 먼저 믿음을 보여야 한다는 말씀을 드렸는데요. 이에 못지 않게 저는 이 제도를 누릴 만한 자격이 있는 사람들이 있다고 생각해요. WFA를 활용하려면 자기 통제를 굉장히 잘 해야 해요. 집에서 얼마든지 방만하게 일할 수 있거든요. 조직의 입장에서는 개인의 자율에 맡기는 제도를 누릴 만한 사람들이 모여 있는가, 우린 충분히 그럴 수 있는 사람들을 채용하고 있는가도 중요하게 고민해야 하는 부분인 것 같아요. 그리고 이렇게 모인 사람들에 대해서는 의심하지 않고 전적으로 믿는 거죠.

WFA에서 핵심적인 부분은 주요 근무지 중 하나가 사무실이라는 거예요. WFA는 재택근무가 아니라 원격 근무이고, 사무실도 당연히 일을 할 수 있는 출근 옵션 중에 하나예요. 필요한 일이 있으면 사무실에 올 수 있어요. 직원 분들께서 같이 모니터 보면서 심도 있는 논의를 해야 될 안건이 있으면 '우리 내일은 사무실에서 일할까'라며 출근하세요. 자신의 업무 성격에 따라 스스로 균형을 맞춰가는 게 굉장히 필요할 것 같다는 생각이 들어요.

우리 업, 조직문화, 지향하는 가치에 맞는지 근본적인 고민이 필요할 것 같아요. 뭔가가 유행이라고 하면 다들 별 고민 없이 따라하고 싶어지잖아요. WFA도 마찬가지인 것 같아요. 근본적으로 우리한테 무엇이 이득이 되는지, 어떤 비즈니스 임팩트를 미치고 싶은지를 고민하는 게 필요해요. 경영진에게도 원격으로 일을 했을 때 비즈니스적으로 어떤 영향력이나 효과가 있는지를 설득해야 하잖아요. 재택근무가 가능한 업무 방식과 환경을 갖췄는지, 직원들이 제도에 적극적으로 동참할 마음이 있는지 진지하게 고민해야 할 것 같아요.

무엇보다 조직문화 담당자는 비단 WFA 제도뿐 아니라 조직 내 모든 제도를 시행함으로써 조직에 결국 무엇을 그려내고 싶은지를 굉장히 명확히 해야 해요. 담당자 스스로 목표나 지향점, 'Why' 자체가 굉장히 불분명하면, 경영진의 한마디에 흔들릴 수 있거든요. 경영진이 한번 해보라고 해서 직원들을 설득할 때도 'Why'가 불분명하면 핵심이 없는 메시지를 전달할 수 있고요.

구성원이 성장하는
문화 만들기

대학내일 인재성장팀
이윤경 팀장

MZ세대 전문 통합 마케팅 에이전시 대학내일은 구성원의 성장을 위한 독특한 제도를 가지고 있다. 대표적인 제도가 당장 써먹는 점심시간 스터디, 줄여서 '당써먹'이다. 현재는 120개가 넘는 스터디가 운영되고 있다.

구성원 스스로 자신의 업무 노하우를 다른 구성원들에게 알려주는 스터디를 만드는 것은 결코 쉬운 일이 아니다. 직장인에게 황금같은 점심시간을 활용하는 활동이라면 더욱 어렵다. 대학내일은 어떻게 구성원들이 자발적으로 스터디에 참여하게 만들었을까. 대학내일에서 구성원 성장을 책임지고 있는 인재성장팀 이윤경 팀장에게 이야기를 들어 보았다.

> 대학내일 성장 문화의 바탕에는 '개인의 성장과 조직의 성장이 연결된다'는 신념이 있는데요, 이런 신념은 어떻게 형성할 수 있었나요?

개인적으로 조직은 소위 '리더빨'이라고 강하게 믿는 사람이에요. 대학내일의 기본적인 철학은 대표이사인 김영훈 대표님으로부터 출발했어요. 그분이 자주 하시는 말씀 중 하나가 "자기다움으로 지극히 정진하여 꽃을 피워야 한다"예요. 여기서 '자기다움으로 지극히 정진한다'가 개인의 성장, 나다운 성장이라고 말할 수 있겠죠.

대표님이 흔히 드는 예시로 '고구마 감자론'이 있어요. "여러분의 팀원들은 다 같은 존재가 아니다. 고구마와 감자처럼 각기 다른 개성과 지향을 가진 사람이다. 그 팀원이 어떤 존재인지에 대해서 리더가 명확히 알아야 팀원들을 성장시키는 데 도움이 될 수 있다"라는 이야기를 자주 하세요.

고구마랑 감자는 똑같이 키우면 망하는 작물인 거 아시나요? 고구마 같은 경우에는 비료를 주지 않는 것이 성장에 도움이 되고, 반대로 감자는 비료를 꾸준히 주고 잘 들여다봐야 무럭무럭 자라요. 고구마 같은 팀원에게는 믿고 맡겨주는 것 자체가 성장에 도움이 되고, 감자 같은 팀원에게는 지속적인 관심과 피드백을 주는 것이 현명한 리더의 길이라는 말을 하기도 하세요.

조직 내에서 교육을 할 때도 각자의 다름에 대해 인정하고 존중해야 조직이 성장하고 지속할 수 있다고 대표님이 늘 말씀하세요. 예를 들어 소득이 중요한 사람에게는 소득을 높일 수 있는 방식으로 커뮤니케이션 하고 업무를 조율하는 게 좋은 방법이고, 사회적 공헌감이 중요한 사람에게는 그런 기회를 주는 것이 그 사람이 행복하게 일을 할 수 있는 방법 중 하나라고 말씀하세요. 결론적으로 '리더의 신념이 조직문화의 근간이 되었다'는 말씀을 드리고 싶습니다.

> **구성원이 성장하는 문화를 만들기 위해 대학내일이 가장 중요하게 생각하는 것은 어떤 건가요?**

흔히 대학내일을 '자유롭고 수평적인 회사야', '나다움을 마음껏 펼칠 수 있어'라고 생각하세요. 그런데 자유로움, 수평적 문화가 있기 위해서는 그 전에 조직에서 기대하는 책임을 다해야 해요. 자신의 연차, 직책에 따른 과업을 수행할 수 있다는 것을 증명하고 나서야 자유가 주어진다고 생각하거든요. 대학내일 성장 문화의 핵심은 자기다운 성장이 조직에 기여할 수 있도록 연결하는 것이에요. '너 답게 성장하는 거 중요해. 그런데 그게 나 좋고 끝이 아니라 조직과 연결되어야 해'라고 말하는 거죠.

저희가 대표적으로 운영하는 성장 제도가 '당장 써먹는 점심시간 스터디'라는 타이틀을 가진 당써먹 스터디거든요. 당써먹 스터디의 핵심은 구성원들 스스로가 '스님'이라는 스터디 운영자(오퍼레이터)가 되는 거예요. 이게 두 가지 목적이 있어요. 첫 번째는 자기다움을 발휘할 수 있는 기회를 주는 거고요, 두 번째는 자기다움을 발휘해 동료들에게 도움을 주는 거예요. 이 두 가지가 균형이 잘 잡혀 있어서 활성화될 수 있었던 제도라고 생각해요.

> 이야기를 듣다 보니 대학내일은 '자기다움', 자기다움의 발현으로서의 자신의 '강점 활용'을 중시한다는 느낌을 받았는데요, 실제로 구성원 성장에 도움이 되나요?

저는 도움이 된다고 강하게 믿고 진행하고 있는데요. 저희 구성원들은 입사할 때 모두 태니지먼트 진단을 받고 들어오세요. 단순히 진단을 받고 끝나는 것이 아니고 진단받은 강점과 태도를 기반으로 여러가지 커리큘럼을 운영하고 있죠.

예를 들어 팀별로 강점 팀빌딩을 4~5시간 운영해요. 의무가 아님에도 불구하고 거의 모든 팀이 참여해요. 사실 팀 입장에서는 하루의 절반을 워크숍에 쓰는 게 부담스러울 수 있어요. 그럼에도 불구하고 강점 팀빌딩을 하자는 의견이 나와요. 강점 팀빌딩을 하면 각자의 강점과 일하는 방식에 대해

서로 이해할 수 있거든요. 회사에서 '너는 이렇게 뾰족하게 일해'라고 일방적으로 지시하는 것이 아니라 구성원이 '저는 이렇게 일할 때 뾰족해요'라고 커뮤니케이션 할 수 있는 분위기가 만들어져 있고 그것을 교육 제도로 끊임없이 발전시키는 포인트가 있는 것 같아요.

사람은 모두에게 다른 종류의 강점이 있다고 생각해요. A라는 사람은 추진력이라는 강점이 크고, 엑셀로 데이터 분석하는 강점이 작아요. 이 사람에게 엑셀 분석해서 문제점을 가지고 오라고 말하면 이 사람은 작은 강점을 활용해야 해요. 근데 이 강점은 내가 잘할 수도 없고, 빨리 할 수도 없어요. 그렇게 되면 자기 스스로도 만족하지 못하고 조직에도 만족할 만한 성과를 가져오지 못하는 게 너무 당연해요.

조직이 성과를 내기 위해서는 이 사람이 성과를 낼 수 있는 가장 큰 강점이 무엇인지에 대해서 리더가 고민을 하고, 그것에 따라 R&R을 나누는 과정이 필수예요. 내가 가지고 있는 커다란 강점을 인정받고, 그 강점을 사용할 수 있는 기회를 지속적으로 얻게 되면 그 사람의 강점은 자연스럽게 눈덩이처럼 커져요. 강점에 집중하는 문화가 구성원들의 나다운 성장에 반드시 도움이 된다고 생각합니다.

2020년 1월에 HR부서로 발령받으면서 진짜로 쓸 수 있는
교육이 있었으면 좋겠다고 생각했어요. 저는 실제로 구성원
이 바로 써먹을 수 있는 실효성에 중점을 두었어요.

대학내일은 교육비 지원이 충분한 회사에요. 원하면 대학
원도 보내주고 1년에 120만 원까지 교육비를 외부에서 쓸 수
있어요. 그런데 교육비 신청자 리스트를 보면 120만원 중에
10만원도 안 쓰는 사람이 대부분이에요. 근데 정작 사람들은
성장하고 싶어해요. 교육을 적극적으로 수강하기까지 허들이
높은 게 문제라고 생각했어요. 저녁에 강남까지 가서 수업을
듣는 게 어렵기도 하고, 가서 듣는 교육이 내가 지금 하고 있
는 일에 바로 도움이 되기에는 너무 보편적인 이야기일 가능
성도 높아요.

제가 찾은 해결책은 점심 시간에 부담 없이 사내에서 참여
할 수 있는 프로그램을 만드는 거였어요. 회사에서 점심 식사
는 제공하고요. 내가 하고 있는 일을 잘 이해하는 동료가 강
사가 돼요. 그렇게 하면 사람 수만큼 과목 수가 나올 수 있다
고 생각했거든요. 제가 이 이야기를 했을 때 다들 비현실적이
라고 했는데 현재 과목 수가 거의 121개에 달해요. 많은 교육

이 쉴 새 없이 1년 내내 연간으로 운영되고 있어요. 어떤 날은 점심시간에 다섯 개씩 운영되기도 해요.

> **구성원들의 반응은 어떤가요. 실제로 본인의 성장에 도움이 된다고 느끼고 있나요?**

저희가 당써먹 스터디를 운영하면서 모든 과목에 만족도 조사를 실시하고 있어요. 수업을 들었으면 수업을 평가하는 게 아니고 다음 회차를 위해서 스님에게 도움되는 피드백을 준다는 구조로 만족도 조사를 만들었어요. 저희는 이걸 '5덕담'이라고 불러요.

5덕담은 '5', '덕분에', '담에는' 세 단어의 약자예요. 먼저 5점 척도로 만족한 정도를 점수로 줘요. 그 다음 보통은 아쉬웠던 점을 물어보지만 저희는 '이 수업 덕분에 이런 것을 배웠다'를 적게 해요. 인정과 감사의 피드백을 하는 거죠. 그리고 '담에는'이라고 질문을 드려요. '다음에 이런 점을 보완하면 더 수업이 좋을 것 같아'라고 적는 거죠. '내가 평가하고 점수 매기는 것이 아니고 어떻게 하면 이 사람에게 더 도움이 될까?'를 고민하는 프레임을 만들고 싶었어요. 단순히 평가자의 입장에서 5덕담을 쓰는 게 아니라 '우리 교육은 나도 의견을 보태서 만드는 거야'라는 느낌을 주고 싶기도 했어요.

회차가 끝나면 리뷰를 모아서 스님들에게 메일을 드려요. 이 리뷰를 보면서 희열을 느끼는 스님들이 많아요. 평소에 고객사와 커뮤니케이션 하고 일에 치이다 보면 '내가 무슨 일을 하고 있는 건가'라는 고민을 하게 돼요. 그러던 중에 내가 동료의 성장에 기여했다고 직접적으로 들으면 사회적 공헌감을 강하게 느끼시더라고요.

수치적으로도 의미가 있어요. 저희가 매년 일자리 만족도를 조사하는데 전체적인 일자리 만족도와 가장 큰 상관관계를 갖는 게 '사회적 기여'예요. 누군가에게 기여를 하고 있다고 느끼는 사람은 일자리에 대한 만족도가 높을 가능성이 통계적으로 유의미하게 커요.

일종의 선순환 구조가 있다고 생각해요. 구성원들은 당써먹에 참여한 뒤 덕분에 성장하고 있다는 메시지를 스님들에게 지속적으로 전달해요. 메시지를 접한 스님은 자신이 사회적 기여를 하고 있다고 느끼게 되고 본인의 일자리 만족도가 높아져요. 그렇게 되면 다음 수업을 열심히 준비하게 되고, 수업을 듣는 구성원들의 성장과 직접적으로 연결되는 효과가 생겨요. 나랑 비슷한 포지션에서 비슷한 고객사와 일을 하는 사람이 가지고 있는 노하우가 전달된다는 측면에서 점심시간에 배워서 오후 2시에 당장 써먹을 수 있거든요.

처음에는 정착이 쉽지 않았어요. 저희 조직은 의무가 없는 조직이에요. 교육을 의무로 들어야 한다는 건 전혀 없었거든요. 그런 상황에서 구성원들의 자발적인 참여를 이끌어 내야 하는데 문제는 두 가지였어요. 첫 번째는 스님들의 양질의 콘텐츠를 어떻게 개발할 것인가. 두 번째는 계속해서 참여자가 있을 것인가. 저희 회사 앞이 경의선 숲길이라 산책하기도 좋거든요. '바빠 죽겠는데 점심시간까지 힘들게 시간을 할애해서 공부를 해야 돼? 너무 피곤해' 이런 심리적인 장벽이 있었던 것 같아요.

스님을 모시는 것도 처음에는 어려웠죠. 당써먹은 한 시간짜리도 있고 다섯 시간짜리도 있어요. 당써먹을 만들고 운영하는 것이 스님들에게 굉장한 부담이에요. 사내에서 업무 시간 외에 해야 하는 사이드 프로젝트에 가깝거든요. 그런 시간을 할애하게끔 하는 것 자체가 어려웠어요.

저희가 선택했던 방법은 스님들의 페이스 메이커 역할을 해드리는 거였어요. 6주 정도 기간을 거치면서 위클리 미팅을 진행했어요. 계속 커뮤니케이션 하면서 교안을 제작할 때 도움을 드린 경우도 있었고요. 처음에는 의지가 있는 분들 중심

으로 섭외했어요. '이런 부분에서 당신의 도움이 필요합니다'
라고 적극적으로 어필해서 한두 명씩 모아갔어요.

당써먹 스터디를 운영하다 보니 스님들이 사내에서 개인
브랜딩 되는 효과가 생겼어요. 'A 분야에서는 B가 전문가지,
A에 관한 당써먹 스터디를 운영했잖아' 이런 식으로요. 이렇
게 되자 언젠가부터 '저 스님하고 싶어요'라는 분들이 나타났
어요. 저희는 사내에서 협업하는 구조이기 때문에 '우리 팀의
역량을 홍보할 겸 이런 스터디를 운영해보고 싶은데 어떠세
요?' 라는 식으로 적극적인 역제안이 들어오는 거예요. 한번
브랜딩이 되기 시작하니까 적극적으로 수요가 생기고, 양질
의 콘텐츠가 생기니까 의무가 아닌 데도 자기의 점심시간을
기꺼이 할애해서 듣게 됐어요.

> 당써먹 스터디에서 인상적이었던 건 개인의 기여를 가시화해
> 서 보여주는 '배지 제도'였어요. 어떤 이유로 배지 제도를 기획
> 하게 되셨나요?

블라인드, 잡플래닛에 자주 나오는 말인데 저희는 Team by
team이라는 이야기를 많이 해요. 팀별로 일하는 방식, 문화가
다르다고 하세요. 저는 이걸 부정적으로 생각하지 않아요. 팀
마다 목표 의식이 분명하기 때문에 팬데믹 위기도 잘 극복할
수 있었다고 생각하거든요.

치명적인 약점이 있다고 한다면 전체 구성원을 위한 프로젝트 참여에 소극적일 수 있는 거예요. 일단 우리 식구들을 먹여 살려야 하니 이웃 식구들을 살펴야 하는 이유가 상대적으로 적어지는 거죠. 저는 서로 연결되었을 때 우리집 식구 전체의 곳간이 넓어진다고 생각했고, 그러기 위해서는 억지로 "참여하세요"라고 해서 될 일이 아니라고 생각했어요. 오히려 우리집 식구 전체의 곳간을 잘 돌보면서 옆집도 도와주는 사람에게 박수를 쳐주는 것이 궁극적으로는 많은 분들의 참여를 유도할 수 있는 방법이라고 생각했어요. 그래서 만들게 된 게 '전사 참여제'에요.

우리는 팀이 강한 조직이지만 그만큼 우리 팀에서 다른 팀을 도와줄 수 있는 것도 명확한 조직이라고 생각했어요. 전체 구성원을 위해 기여할 수 있는 부분이 다섯 가지라고 생각해 농부(새로운 일거리를 만드는 사람), 제비(정보를 나눠주는 사람), 스님(스터디 오퍼레이터), 키다리(서로를 응원하는 사람), 주장(어떤 조직을 대표하는 역할, 내 담 너머의 조직을 위해 기여하는 분들) 배지로 가시화했어요. 인트라넷에 배지를 박기도 했고, 실물 배지로 만들어서 드리기도 했어요. '다른 팀을 돕는 사람들의 성과를 겉으로 보여 주고 박수 쳐주자'라고 생각했던 것이 현재 전사 참여제의 시작이었어요.

효과는 생각보다 좋아요. 예를 들어 섭외하기 어려운 스님이 있었어요. 정말 퀄리티 있는 교안이 나올 게 확실한데 이 분이 너무 바빠요. 서로 이야기를 하다 보니 '제가 전사 참여 제 배지 네 개를 모았는데 생각해 보니 스님이 없어요. 배지 를 받기 위해서 스님을 할 수 있을 것 같아요' 이렇게 말씀하 세요. 스타벅스 프리퀀시 모으는 느낌으로 참여하는 거죠. 하 나의 재미 요소지만 동기 부여가 되는 효과가 있더라고요.

> **당써먹 스터디가 아닌 구성원의 성장을 지원하는 다른 제도는 어떤 것이 있나요?**

키다리 위크라고 해서 팀 너머 만나고 싶은 사람과 만나게 해주는 자리를 만들었어요. 키다리를 상징하는 기다란 컵도 제작해서 배포하고 키다리 책방이라고 해서 응원하는 사람에 게 책을 전달하는 프로그램도 운영해요. 예를 들어 A라는 사 람이 "이러한 이유로 이 책을 신청합니다"라고 하면 저희가 구입을 해서 엽서까지 끼워서 배달해드렸거든요. 나를 응원 하는 사람이 있다는 생각을 하면 일할 맛이 나고 심리적 안전 감뿐만 아니라 소속감, 로열티적인 측면에서도 좋은 영향을 주게 돼요. 사람과의 연결을 통해 서로 좋은 영향을 주고받으 면 성장할 수 있는 또 다른 계기가 되기도 하고요.

이건 제 개인적인 프로젝트에 가까운데요. 퍼블리에 구성원들과 공동 저자로 리포트를 발행하고 있어요. '〈스트릿 우먼 파이터〉 리더십으로 보는 우리 팀장 사용법', '시간은 없고 걱정만 많다? 당장 따라하는 사이드 프로젝트 입문 가이드' 같은 리포트를 대학내일 구성원들과 함께 만들었어요. 원래는 공동 저자 세 명이 목표였는데 올해는 일곱 명이 저자로 함께 이름을 올렸어요. 이런 새로운 경험을 통해 성장할 수 있는 계기를 만들어드리는 것도 좋다고 생각합니다.

> 대학내일 구성원들은 대부분 MZ세대에 해당하는 것으로 아는데요, 대학내일 구성원의 성장을 지원하는 노력이 MZ 구성원들의 회사 만족도에 영향을 주고 있는지 궁금합니다.

매년 일자리 만족도 조사를 한다고 말씀드렸잖아요. 그중에 성장에 관한 항목은 없어요. 대신 큰 카테고리를 봤을 때 협동·협업이라는 카테고리가 있어요. 저희가 당써먹 스터디를 시작하기 전까지는 협동·협업이 가장 낮은 영역 중 하나였는데 2020년~2021년 2년 연속으로 가장 크게 오른 항목이 됐어요.

단순히 성장을 위해서가 아니라 경험과 지식을 나눈다는 의미로도 서로 많이 연결되고 있잖아요. 연결되고 있다는 경험 자체만으로 우리가 협력하고 협동하고 있다는 만족도를 높이는데 확실히 기여하고 있는 것 같아요.

> 구성원이 성장하는 문화를 만들기 위해 고민하는 담당자에게
> 조언을 한다면 어떤 것이 있을까요?

사람마다 자신이 만족을 느끼는 포인트, '만감대'가 있다고 생각해요. 같은 직장에서 같은 직무로 똑같은 프로젝트를 한다고 해도 A와 B가 만족을 느끼는 포인트는 달라요. 예를 들어 사내 교육을 기획하는 A는 '내가 어제는 못하던 일을 오늘은 할 수 있게 되었네?'라고 생각할 수 있는 성취의 순간에 가장 큰 만족을 느껴요. B는 성취도 중요하지만 '내가 동료들에게 좋은 영향력을 끼쳤어'라고 생각할 수 있는 사회적 기여의 순간에 큰 희열을 느끼는 식이에요.

사람마다 만족의 포인트가 다르다는 것을 인지하면 교육 담당자들은 머리가 터질지도 몰라요. 100명, 1,000명의 각기 다른 니즈를 어떻게 만족시켜야 할지 암담할 테고요. 그럴 땐 KPI 자체를 '일단 듣는다'로 두는 것도 방법이 아닐까 싶어요. 어쩌면 구성원들도 '내 성장 책임져 줘!'보다는 '동료 중 누군가가 내 성장에 관심을 가지고 내 이야기에 귀 기울여 주면 좋겠어'라고 생각하지 않을까요.

저희는 늘 이렇게 말해요. "우리는 여러분의 고민을 함께 하는 팀이다. 그 고민을 해결해준다고 장담할 순 없지만 적어도 혼자 고민하게 하진 않겠다. 그리고 그게 비단 '성장'만은 아니

다. 여러분이 만족스럽게 일할 수 있는 모든 것, 동료와의 연결
과 자기다움의 발견 등 그 모든 것을 다 함께 고민하겠다."

부록 2

더 읽어 보면 좋은
조직문화 관련 책

조직문화 담당자는 회사에 광범위한 영향을 주는, 굉장히 중요한 주제를 다루는 특수한 직무다. 어려운 주제인만큼 조직문화의 속성을 정확히 이해하고, 어떻게 관리할 수 있을지 고민해야 한다. 이를 위해서는 끊임없는 공부와 독서가 필요하다. 인터넷에 다양한 자료들이 많지만 신뢰할 수 있는 정제된 정보를 얻는 창구로는 책만 한 것이 없다.

그렇다면 조직문화 담당자로서 어떤 책을 어떤 순서로 읽어야 할까? 개인적으로 지금까지 읽었던 책들을 살펴보면 크게 '조직문화 전반에 대한 기본 개념을 잡아주는 책', '자주 접하는 특정 개념을 소개하는 책', '다른 회사가 문화를 만든 방법을 알려주는 책'으로 나눌 수 있었다. 이런 구분에 따라 지금까지 유용하게 읽었던 책을 소개하면 다음과 같다.

김성준,《조직문화 통찰》

클라우드 나인, 2019.08

기본 개념을 튼튼히 쌓고 시작해야 그 뒤에 학습하는 내용을 나만의 것으로 잘 소화할 수 있다. 그런 의미에서 추천하고 싶은 첫 번째 책은《조직문화 통찰》이다. 국민대 김성준 교수가 쓴 책으로, 조직문화 전반에 대한 기초 개념을 충실히 잡아준다. 개인적으로는 이 책을 읽고 조직문화를 보는 눈이 확실히 트였다. 조직문화 담당자라면 반드시 읽어봐야 하는 개론서이자 필독서이다.

장재웅·상효이재, 《네이키드 애자일》

미래의 창, 2019.11

조직문화 통찰과 함께 읽으면 좋은 책으로는 《네이키드 애자일》을 추천한다. 조직문화 통찰을 통해 조직문화의 핵심 개념인 기본 가정을 이해한 다음, 이 책의 3장 '조직문화 혁신, 애자일 철학 이해가 먼저다: 테일러리즘과의 비교를 통해 알아본 애자일 철학'을 읽으면 다양한 기본 가정이 조직에 어떤 영향을 주는지 입체적으로 이해할 수 있다.

▶ 심리적 안전감

에이미 에드먼슨, 《두려움 없는 조직》

다산북스, 2019.10

구글의 아리스토텔레스 프로젝트●를 통해 효과적인 팀을 만드는 첫 번째 법칙이 '심리적 안전감'으로 밝혀지며 유명해진 개념이다. 심리적 안전감은 "조직 내에서 자신의 생각을 솔직하게 말해도 나에게 그 어떤 피해도 생기지 않을 것이라고 믿는 것"을 뜻한다. 《두려움 없는 조직》은 하버드 경영대학원

● 구글에서 2년이 넘는 시간 동안 200명 이상의 구글러를 인터뷰, 180개 이상의 팀을 분석해 효과적인 팀을 만드는 다섯 가지 비결을 밝혀낸 프로젝트.

에이미 에드먼슨Amy C. Edmondson 교수가 쓴 책으로 심리적 안전감의 개념과 조직에 심리적 안전감을 형성하는 방법을 자세히 설명한다.

▶ 수평적 문화

김성남, 《수평 조직의 구조》
스리체어스, 2020.05

최근 몇 년간 기존의 수직적이고 보수적인 조직문화로 인해 생기는 여러 문제점에 대한 해결책으로 '수평적인 조직문화'라는 단어가 자주 언급되었다. 그런데 정작 수평적인 문화가 무엇인지, 어떻게 만들 수 있는 것인지 명확히 설명해주는 자료는 많지 않다. 그런 답답함을 풀어준 책이 바로 김성남 작가가 쓴 《수평 조직의 구조》다. 수평 조직의 개념부터 구체적인 설계 방법까지 담겼다. 두께는 얇지만 알차고 실속 있는 책이다.

▶ 피드백 문화

킴 스콧,《실리콘 밸리의 팀장들》

청림출판사, 2019.06

최근 들어 스타트업, IT기업들의 조직문화를 소개할 때 솔직한 피드백이라는 단어가 심심찮게 보인다. 저자 킴 스콧Kim Scott은 좋은 피드백이란 완전한 솔직함Radical Candor을 의미하며 완전한 솔직함은 '개인적 관심Care Personally'과 '직접적 대립Challenge Directly'으로 이뤄진다고 말한다. 피드백을 이야기할 때 항상 빠지지 않고 등장하는 책이니 읽어 두면 좋다.

▶ 권한 위임

L. 데이비드 마르케, 《턴어라운드》
세종서적, 2020.06

권한 위임이 필요하다, 중요하다는 말은 자주 들었지만 역시나 위임이 잘 되는 문화나 조직을 어떻게 설계하는지 제대로 설명해주는 책이 없었다. 그런 갈증을 단번에 풀어준 책이다. 이 책은 특이하게 조직문화 담당자가 아닌 미 핵잠수함 산타페함의 함장이었던 저자가 썼다. 매번 평가에서 꼴찌를 기록하던 산타페함에 권한 위임 문화를 만들어 어떻게 조직을 바꾸었는지 굉장히 자세하게 기록되어 있다. 개인적으로 강력 추천한다.

3
다른 회사가 문화를 만든 방법을 소개하는 책

▶ 넷플릭스의 조직문화를 알려주는 책

리드 헤이스팅스·에린 마이어, 《규칙 없음》

알에이치코리아, 2020.09

개인적으로 애증의 책이다. 넷플릭스 문화를 좋아하지 않지만, 조직문화 담당자 입장에서 이 책만큼 문화를 어떻게 형성하고 관리하는지 실제 사례를 곁들여서 체계적으로 쓰인 책을 찾기 쉽지 않다. 넷플릭스 CEO 리드 헤이스팅스Reed Hastings와 《컬처맵》의 저자 에린 마이어Erin Meyer 교수가 대담하는 방식의 구성도 좋다.

▶ 구글의 조직문화를 알려주는 책

라즐로복, 《구글의 아침은 자유가 시작된다》
알에이치코리아, 2015.05

사 놓고 몇 년 동안 안 읽다가 신규 프로그램 기획 아이디어
를 얻으려고 열어 보았다가 깜짝 놀랐다. '이렇게 좋은 책을
지금까지 안 읽고 있었다니!' 구글의 인사제도 전반에 대해
놀라울 정도로 자세히 기록해 두었다. 지금 조직에서 시도해
보고 싶은 레퍼런스가 무궁무진하게 담겨 있는 책이다. 이 정
도면 거의 내부 문서를 공개한 수준이 아닐까 싶을 정도다.

참고자료

1부 조직문화 업무를 하기 전에 이것만은 알고 가자

1 Brian Chesky, "Don't Fuck Up the Culture", medium, 2014.4.21

2 김성준, 《조직문화 통찰》, 클라우드 나인, p55, 2019.8.25

3 양지혜, "오늘을 '첫날'처럼 살았다…아마존에 '둘째날'은 없다", 조선비즈, 2017.4.13

4 Daniel Slater, "Amazon의 Day1 문화 요소", 아마존 웹 서비스 홈페이지, Aws Executive Insight

5 김성준, 《조직문화 통찰》, 클라우드 나인, p60, 2019.8.25

6 네고왕, "첫 네고 실패 위기?!? 본사라도 털고 왔습니다", 유튜브, 2020.8.28

7 워크맨, "다니기 좋은 회사 TOP 10 직원이 대표를 뽑는 거 자체가 신박 그 자체", 유튜브, 2021.3.3

8 양민경, "[기업사례] 사원주주회사 대학내일의 도전", HR블레틴, 2019.9.9

9 마크 베니오프, 《트레일 블레이저》, 서울문화사, p179, 2020.11.27

10 김자아, ""직원 취급 안해줘…" 극단 선택 공무원이 친구에게 남긴 카톡엔", 조선일보, 2021.10.1

11 지홍구·임영신, "네이버 직원 극단 선택…직장내 갑질 암시 메모 남겨", 매일경제, 2021.5.28

12 조영호, "호암은 기업가가 아니라 시스템 설계자", 월간조선, 2010

13 차준호, "고연봉 IB·컨설팅社도 싫다"…'인재 피라미드' 맨 위에
    스타트업, 한국경제, 2021.08.16

14 김성은, "젊은 직원 떠나는 '신의 직장'…한국은행 20·30대 퇴직자
    10년새 2.4배↑", 파이낸셜 뉴스, 2021.10.14

15 대한상공회의소, "직장 내 세대 갈등과 기업문화 종합진단 보고서",
    2020.04.08

16 대한상공회의소, "직장 내 세대 갈등과 기업문화 종합진단 보고서",
    2020.04.08

17 김성준·이중학·채충일, "꼰대, 한국기업 조직문화 차원의 탐구",
    2021.5

18 조유미, "MZ세대는 소리 소문 없이 옮긴다… 구인앱 타고 '스텔스
    이직'", 조선일보, 2021.08.10

19 김상준, ""갈 이유가 없다"…개발자들에게 외면받는 은행들",
    머니투데이, 2021.05.23

20 이경탁, "토스, 개발자 공채에 지원자 5300명 몰려", 조선비즈,
    2021.08.10

21 이새하, "카뱅 직원 1000명인데…개발자만 400명", 매일경제,
    2021.07.01

22 임정욱, "카카오뱅크의 기업문화", 개인 블로그, 2021.07.21

2부 조직문화 담당자는 무엇을 하는 사람인가

1   유준희, "2020년 조직문화에 대해 묻고 답하다", HR 인사이트,
    2020.11.24

3부 조직문화 담당자가 할 수 있는 일들

1   얼라인업, "조직문화는 왜 생기는 건가요? – ASA이론", 유튜브,
    2020.4.27

2   레이 달리오, 《원칙》, 한빛비즈, p232, p576, 2018.6.18

3   장은지, 조승빈, 정은혜, "애자일의 꽃 '회고'가 제대로 되지 않는 팀의 특징", 폴인

4   양민경, "회고는 성과를 향상시킨다", HR 블레틴, 2019.8.19

5   김윤혁, "리더십으로 해결하라: Wanted con – 변화를 즐기는 팀을 만들어볼까요?", 원티드

6   김재형, "인간 이세돌이 남긴 울림…복기하고 복기하라!", YTN, 2016.3.16

7   킴 스콧, 《실리콘밸리의 팀장들》, 청림출판, p49, 2019.6.28

8   이샘물, "정주영 회장, 500원 지폐 '거북선' 보여주며 차관 유치", 동아일보, 2015.9.7

9   김다혜, "평생직장 옛말…10년 새 근속기간 19년9개월→15년2개월", 연합뉴스, 2021.8.1

10   정은혜, "MZ세대가 스타트업을 선호하는 이유", HR인사이트, 2020.7.27

4부 조직문화 업무 실전 노하우

1   피터 센게, 《학습하는 조직》, 에이지21, p37, 2014.10.06

2   신수정, "신수정의 리더십 코칭22 상사에게 직언을 어떻게 해야 하는가?", 유튜브 신수정TV, 2020.7.26

3   김동신, "Ep.18 회사에서 본인을 빠르게 성장시키는 방법 – People Scaling", 유튜브 존잡생각, 2021.1.2

4   이윤경, "강점활용 워크숍"

5   김진회, "메시 "발롱도르보다 월드컵", 호날두 "메시 왼발 탐나"", 조선일보, 2016.01.12

6   로널드 A. 하이패츠 외 2명 지음, 《어댑티브 리더십1: 발코니에 올라》, Slowalk, 2017.07.15, p37-38